中小学办学活力的
理论探析与治理路径

蔡 歆 著

ZHONGXIAOXUE BANXUE HUOLI DE
LILUN TANXI YU ZHILI LUJING

中国经济出版社
CHINA ECONOMIC PUBLISHING HOUSE
·北 京·

图书在版编目（CIP）数据

中小学办学活力的理论探析与治理路径 / 蔡歆著.
北京 ：中国经济出版社，2025. 4. -- ISBN 978-7-5136-8114-8

Ⅰ. G637

中国国家版本馆 CIP 数据核字第 2025G7A122 号

策划编辑 姜 静
责任编辑 井 铭
责任印制 李 伟
封面设计 任燕飞工作室

出版发行 中国经济出版社
印 刷 者 北京鑫益晖印刷有限公司
经 销 者 各地新华书店
开 本 710mm × 1000mm 1/16
印 张 13.5
字 数 208 千字
版 次 2025 年 4 月第 1 版
印 次 2025 年 4 月第 1 次
定 价 78.00 元
广告经营许可证 京西工商广字第 8179 号

中国经济出版社 **网址** http：//epc.sinopec.com/epc/ **社址** 北京市东城区安定门外大街 58 号 **邮编** 100011
本版图书如存在印装质量问题，请与本社销售中心联系调换（联系电话：010-57512564）

前言

PREFACE

教育是国之大计、党之大计。中小学作为国民教育体系的基础阶段，承载着培养社会主义建设者和接班人的重要使命。然而，随着社会经济的快速发展和教育改革的深入推进，我国中小学教育面临诸多挑战：教育资源分配的区域性失衡、学校管理机制的传统性与现代教育需求之间存在矛盾、教师职业发展动力不足、学生学习方式单一化，以及数智化转型中技术应用与教育本质的平衡等问题日益凸显。在此背景下，如何激发中小学的办学活力，提升学校自主发展动能，成为新时代教育改革的重要课题。

本书正是基于这一现实需求，依托北京市教育科学“十四五”规划优先关注课题“激发中小学办学活力研究”（CCEA21010），试图从理论与实践的双重视角，系统探讨中小学办学活力的内涵、机制、评价及治理路径。全书以“理论探析”为基石，以“治理路径”为落脚点，既注重学术研究的深度，又强调实践应用的广度，力求为教育管理者、研究者及一线教育工作者提供兼具理论性与操作性的参考。

一、研究背景与意义

近年来，国家层面陆续出台《中国教育现代化 2035》《关于深化教育教学改革全面提高义务教育质量的意见》等政策文件，明确提出“激发学校办学活力”的要求，特别是教育部等八部门联合发布《关于进一步激发中小学办学活力的若干意见》，针对影响和制约中小学办学活力的突出问题，首次专门、系统地提出了激发中小学办学活力的政策要求，将对办学活力的关注和实践推向了又一个高点。但是，办学活力的概念界定尚不清晰，其生成机制、影响因素及提升路径仍缺乏系统性研究。现有成果多聚焦于单一维度（如课程改革、教师激励等），或停留在经验总结层面，难以形成普适性理论框架。本书的写作初衷，正是为了针对这一需求，通过理论整合与实证研究构建中小学办学活力的理论体系，并探索可推广的治理策略。

二、内容框架与创新点

全书共十一章，以“理论—机制—实践”为主线，层层递进。

（1）理论奠基（第一章至第三章）：系统梳理办学活力的政策演进与学术脉络，结合熵与耗散结构理论，提出办学活力的本质是“学校系统在开放环境中通过负熵输入实现有序发展的状态”，并构建包含5个维度27个要点的内涵表征体系，对办学活力这一政策术语进行了学术界定。

（2）机制解析（第四章至第五章）：引入第四代教育评价理论，设计动态化、差异化的活力进阶评价量规及工具；通过实证研究，从学校内部视角揭示权力、动力、能力三方面关键影响因素的作用机制。

（3）治理路径（第六章至第十一章）：从制度创新、教学管理、教师发展、校际帮扶、学习方式改革、数字化治理六个关键实践领域出发，根据各领域的独特性，具体分析办学活力激发的理论依据、现实样态以及行动策略。这里更加关注的是充分阐述“为什么建议这么做”，而不仅仅是简单给出学校实践方略，因为明确了机理后，实践层面的丰富智慧远远超乎一个课题组的研究能力。

本书的创新之处在于：

（1）学术定义突破：对办学活力进行了学术化界定，并提出了活力内涵表征框架，明确说明了活力的本质以及表征，揭示了办学活力与学校发展的关系。

（2）跨学科理论融合：将物理学中的熵理论、社会学中的社交网络分析、组织学中的组织学习理论等引入教育管理领域，为办学活力研究提供新视角。

（3）评价工具开发：突破传统静态评价模式，构建基于发展性评价的“活力进阶体系”，助力学校精准定位最近发展区。

（4）实践策略体系化：整合政策分析、案例研究与行动建议，形成“制度—技术—人文”“三位一体”的治理框架，强调治理路径的协同性与可持续性。

三、研究方法与过程

本书综合运用文献研究、问卷调查、深度访谈、案例追踪等多种方法。研究团队历时四年，对数百个学校案例进行收集分析，对几十所北京市中小学进行实地调研，重点对十所学校进行实践改进和跟踪指导。在此过程中，收集教师、学生、管理者等多主体数据，判断学校实际需求和问题，提炼学校有效实践策略。本书所用学校案例均来自2021—2024年课题调研的成果与学校公开发布的信息。研究过程中，团队注重理论与实践的双向互动：一方面，通过理论模型指导实践改进；另一方面，基于田野发现修正理论假设，最终实现“扎根理论”与“顶层设计”的有机结合。

四、预期价值与读者对象

本书的出版希望实现三重价值：

（1）学术价值：深化对办学活力本质与规律的认识，推动教育治理理论的本土化创新。

（2）实践价值：为教育行政部门优化政策供给、学校管理者改进治理模式、教师群体提升专业活力提供行动建议。

（3）社会价值：助力教育政策落地，促进教育公平与质量提升，回应人民群众对优质教育的热切期待。

本书主要面向教育政策研究者、中小学校长、教育行政管理人员及一线教师。期待读者不仅能从中获得理论启发，更能结合自身工作实际，探索适合校情的活力激发路径。

五、致谢与展望

本书的完成得益于多方支持。感谢北京市教育科学规划办的课题资助，感谢北京教育科学研究院领导以及各位专家、学者对研究的支持与建议，感谢课题核心学校干部教师的信任与付出，感谢参与调研的学校师生及教育同仁的真诚分享。特别要致敬每一位坚守教育初心、勇于变革的中小学教育工作者，你们的实践探索是本书最宝贵的灵感源泉。

教育变革永无止境。办学活力的研究与实践，需随时代发展不断迭代。虽然书中部分观点或存争议，部分策略需进一步验证，但我们坚信，唯有持续对话、开放创新，方能推动教育走向更富活力的未来。希望本书能抛砖引玉，激发更多同行者加入这一领域的探索，共同书写中国基础教育高质量发展的新篇章。

蔡　歆

2025 年 1 月于北京教育科学研究院

目 录

CONTENTS

第一章

办学活力的概念综览

办学活力作为衡量学校组织健康状况与学校氛围的重要指标，反映了学校的生命力及对外部环境变化的适应力。办学活力的概念在我国教育变革实践中逐渐扎根，日益成为教育现代化与教育强国建设的重要议题。现阶段，我国在教育领域的综合改革不断深化，教育治理体系及治理能力现代化的顶层设计日益健全，制度的优越性越发凸显。在此过程中，要将教育制度的优势转化为学校的实际效能，并切实提升育人质量，还需依靠多元主体在富有活力的现代教育体系里积极发挥自身的自主性和主动性。对于基础教育而言，中小学校作为最主要的办学主体，只有保持蓬勃的生机与活力，才能使改革成果真正惠及师生，进而为整个宏观教育系统注入源头活水，奠定坚实根基。

第一节　政策语境下办学活力发展历史脉络

一、第一阶段：初步放权探索期（1978—1992 年）

党的十一届三中全会后，我国将工作重点转移到经济建设上来，经济社会快速发展，对各类人才的需求日益迫切，教育原有的体制难以满足经济社会发展的需要。同时，经过拨乱反正，教育自身虽基本制度得以恢复，但仍存在教育管理体制不够灵活、学校缺乏办学自主权、教育结构不合理等诸多弊端，制约了教育事业的进一步发展。在国际形势方面，新技术革命背景下，发达国家的教育改革经验以及新的科学技术成果、信息传递手段对教育产生了重大影响，我国需要借鉴国外经验，加强对外交流，使教育事业建立在当代世界文明成果基础之上。此外，1983 年 9 月，邓小平提出“教育要面向现代化，面向世界，面向未来”的思想，为教育体制改革提供了重要的理论指导。1984 年 10 月，中共中央在党的十二届三中全会《关于经济体制改革的决定》中提出要起草教育体制改革文件，这进一步推动了教育体制改革的进程。1985年5月，《中共中央关于教育体制改革的决定》正式颁布，其中明确指出，在教育事业管理权限的划分上，政府有关部门对学校主要是对高等学校统得过死，使学校缺乏应有的活力；而政府应该加以管理的事情，又没有很好地管起来。当时教育体制改革的一个初衷，就是想解决教育领域"一管就死、一放就乱"以及缺乏活力的问题。

二、第二阶段：体制转型深化期（1993—2009年）

中国共产党第十四次全国代表大会在建设有中国特色的社会主义理论的指导下，确定了我国改革和建设的主要任务，明确提出"必须把教育摆在优先发展的战略地位，努力提高全民族的思想道德和科学文化水平，这是实现我国现代化的根本大计"。20世纪90年代以来，我国改革开放和现代化建设事业进入了一个新阶段，建立社会主义市场经济体制，加快改革开放和现代化建设步伐，进一步解放和发展生产力，使国民经济整体素质和综合国力都迈上一个新台阶。这对教育工作既是难得的机遇，又给教育工作提出了新的任务和要求。在新的形势下，教育工作的任务是：遵循党的十四大精神，以建设有中国特色的社会主义理论为指导，坚持党的基本路线，全面贯彻教育方针，面向现代化、面向世界、面向未来，加快教育的改革和发展，进一步提高劳动者素质，培养大批人才，建立适应社会主义市场经济体制和政治、科技体制改革需要的教育体制，更好地为社会主义现代化建设服务。1993年2月，中共中央、国务院颁布的《中国教育改革和发展纲要》明确指出，教育体制改革要采取综合配套、分步推进的方针，加快步伐，改革包得过多、统得过死的体制，初步建立起与社会主义市场经济体制和政治体制、科技体制改革相适应的教育新体制。只有这样，才能增强主动适应经济和社会发展的活力，走出教育发展的新路子。可见，要从社会经济发展须具有活力这一需求倒逼教育活力的增强。

三、第三阶段：内涵式发展阶段（2010—2016年）

进入21世纪后，中国面临着前所未有的机遇和挑战，国际格局从单极走向多强并存，各国经济联系越来越紧密，科学技术更新速度飞快，全球人才大战愈演愈烈。我国现阶段正处于转型升级的重要关口，既要抓好经济发展、制度完善、文化提升、民生改善、环境保护等各方面工作，又要应对工业化升级、数字化转型、城乡融合发展、市场体系完善、国际合作深化带来的新课题。同时面临三大现实难题：人口红利在减弱，资源越用越紧张，环境承载接近极限。在这种形势下，转变过去拼资源、拼投入的老路子，全面提高国民综合素质，加快培养创新型人才队伍，已经成为关乎国家未来发展的头等大事。但是我国教育体系与国家经济社会发展需求及人民群众对优质教育的期待仍存在一定差距，教育领域的深层次矛盾亟待破解。具体表现为育人理念尚未完全突破传统认知框架，课程内容与时代发展契合度有待提升，教学方法仍较多依赖单向知识传授模式。尤为突出的是基础教育阶段学生学业压力持续高位运行，个性化发展空间受限，素质教育实施过程中面临评价导向机制不完善、实践路径不清晰等现实障碍。这些结构性问题的解决，亟须通过深化教育改革、创新育人模式、优化制度设计等系统性举措实现突破。党的十七大提出“优先发展教育，建设人力资源强国”的战略部署。为促进教育事业科学发展，全面提高国民素质，加快社会主义现代化进程，中共中央、国务院制定了《国家中长期教育改革和发展规划纲要（2010—2020年）》。随着我国全面深化教育领域综合改革，激发中小学办学活力越来越受到重视和关注。《国家中长期教育改革和发展规划纲要（2010—2020年）》中十余次提到“活力”。在谈到教育体制机制改革时明确提出：“进一步解放思想，更新观念，深化改革，提高教育开放水平，全面形成与社会主义市场经济体制和全面建设小康社会目标相适应的充满活力、富有效率、更加开放、有利于科学发展的教育体制机制，办出具有中国特色、世界水平的现代教育。”[①]具体谈到学校办学体制改革时明确指出，“深化公办学校办学体制改革，积极鼓励行业、企业等社会力量参与公办学校办学，扶持薄弱学校发展，扩大优质教育资源，增强办学活力，提高办学效益”[②]。同时，还提出了教师活力，党组活力，工作、学习、生活活力等概念，从不同层面强调了“活力”作为教育发展目标的重要性。

中国改革开放走过三十余年，取得了举世瞩目的成就。党的十八大提出了“两个一百年”的奋斗目标，即在中国共产党成立一百年时全面建成小康社会，在中华人民共和国成立一百年时建成富强民主文明和谐的社会主义现代化国家。当代中国处于民族复兴的关键时期，世界处于格局演变的重要阶段，国际体系酝酿深刻变革，综合国力竞争空前激烈，中国特色社会主义经受现实挑战，必须激发更大活力。因此，党的十八届三中全会选择全面深化改革作为重大课题，以应对挑战、抓住机遇，推动中国继续前进。2013 年，《中共中央关于全面深化改革若干重大问题的决定》指出，全面深化改革，要进一步解放思想、解放和发展社会生产力、解放和增强社会活力。这一指导思想也同样适用于教育领域。2014 年，教育部启动义务教育学校管理标准实验，赋予学校更多教学管理权。

四、第四阶段：系统性激活期（2017 年至今）

新时代教育综合改革背景下，政策转向系统性激发办学活力。2017 年，《国家教育事业发展“十三五”规划》提出，“我国教育改革发展虽然取得了显著成就，但尚不能完全适应人的全面发展和经济社会发展需要，仍存在一些突出问题，主要表现为：科学的教育理念尚未牢固确立……

---

① 中华人民共和国教育部. 国家中长期教育改革和发展规划纲要（2010—2020 年）[EB/OL].（2010-07-29）[2025-02-01]. http://www.moe.gov.cn/jyb_xwfb/s6052/moe_838/201008/t20100802_93704.html.

② 同①。

学校办学活力不强……”[①]。同年,《关于深化教育体制机制改革的意见》颁布，提出“充分激发学校生机活力”。

2018 年 9 月，党中央召开新时代第一次全国教育大会，为教育发展举旗定向。习近平总书记强调,“教育是国之大计、党之大计”“要深化办学体制和教育管理改革，充分激发教育事业发展生机活力”。

2019 年 2 月，中共中央、国务院印发《中国教育现代化 2035》，中央办公厅、国务院办公厅印发《加快推进教育现代化实施方案（2018—2022 年)》，明确提出，要发展中国特色世界先进水平的优质教育，充分发挥基层特别是各级各类学校的积极性和创造性，鼓励大胆探索、积极改革创新，形成充满活力、富有效率、更加开放、有利于高质量发展的教育体制机制。

2019 年 6 月印发的《中共中央　国务院关于深化教育教学改革全面提高义务教育质量的意见》专门单列“激发学校生机活力”一条作出重要部署。这项工作也列入了《中央教育工作领导小组 2020 年工作要点》。

党的十九届四中全会强调，要进一步完善教育治理体系。自全国教育大会召开后，中央相继制定出台了涉及学前教育、义务教育及普通高中教育领域的三大纲领性文件，标志着我国基础教育制度体系的“四梁八柱”基本成型，基础性框架已初步构建完成。我国基础教育发展已实现从“有学上”到“上好学”的战略跨越，但在教育质量持续优化过程中，办学主体能动性不足逐渐成为制约发展的核心瓶颈，亟须通过体制机制创新予以破解。这一现实要求将增强学校内生发展动力作为改革重点，着力构建每所学校都能充分释放创新潜能、彰显发展特色的教育生态系统。

推进中小学办学活力提升与现代学校制度完善，需要统筹推进多维度的协同改革，重点将宏观制度设计转化为可操作的实施方案。这不仅涉及教育治理体系的系统性优化，更是推动基础教育高质量发展的基础

---

① 中华人民共和国中央人民政府．国务院关于印发国家教育事业发展“十三五”规划的通知［EB/OL］.（2017-01-19）［2025-02-05］. https://www.gov.cn/zhengce/content/2017-01/19/content_5161341.htm.

性工程。针对制约中小学自主发展的关键症结，教育部联合七部门于2020年9月发布《关于进一步激发中小学办学活力的若干意见》，首次以专项政策文件形式系统构建了激发办学活力的制度框架，明确提出了破解办学自主权受限、发展动力不足等突出问题的改革路径。该文件的出台填补了基础教育治理领域的政策空白，为深化学校综合改革提供了制度保障。在保障学校办学自主权方面，针对相关部门对学校“管得过多”“管得过死”的问题，明确提出要保障学校的“三个自主”：一是保障教育教学自主权，二是扩大人事工作自主权，三是落实经费使用自主权。在增强学校办学内生动力方面，针对“激励不够”的问题，明确提出“四个强化”：一是强化评价导向作用，二是强化校内激励作用，三是强化学校文化引领作用，四是强化优质学校带动作用。在提升办学支撑保障能力方面，针对“保障不够”的问题，明确提出“三个注重”：一是注重选优配强校长，二是注重加强条件保障，三是注重拓展社会资源。[①] 自此，中小学办学活力得到政策和实践的全面、高度关注。党的二十大报告强调，加快建设教育强国、科技强国、人才强国。为全面落实党的二十大精神和习近平总书记的重要指示精神，推进教育、科技、人才“三位一体”统筹发展，2025年1月，中共中央、国务院印发的《教育强国建设规划纲要（2024—2035年）》对深化教育综合改革、激发教育发展活力作出了专门规定。具体措施包括深化教育评价改革，完善人才培养与经济社会发展需要适配机制，提升依法治教和管理水平，健全教育战略性投入机制，构建教育、科技、人才一体统筹推进机制。

可以说，自改革开放以来，关于激发学校办学活力的政策导向越来越清晰，其中，关于激发中小学办学活力的政策条款也越来越明确和具体。办学活力所对标的背景从“缩小与发达国家的差距”“扭转教育工作不适应社会主义现代化建设需要的局面”发展到“发展中国特色世界先进水平的优质教育”“推动基础教育公平发展和质量提升，加快现代学校

① 吕玉刚．让全面激发中小学办学活力落到实处［J］．中小学管理，2020（11）：5-7.

制度建设，为推进教育现代化、建设教育强国奠定坚实基础”。

第二节　学术语境下办学活力研究取向演进

我国实践与研究领域对办学活力的关注发端于1979年12月6日《人民日报》发表的复旦大学校长苏步青等几位著名大学党委书记、校长关于《给高等学校一点自主权》的呼吁。1982—1986年，北京市十二中在校长陶西平的带领下进行的校长负责制、教职工代表大会制度和教职工聘任制度“三位一体”的学校内部管理制度改革，以及实现领导体制、管理体制和分配体制相协调的管理体制改革，对后期北京市乃至全国的影响意义深远。学术界关于办学活力的相关论文从1985年开始出现，2015年发表量达到第一个高峰，之后虽稍有下降，但总体处于高位水平。从分布来看，前期绝大多数研究集中于高等教育和职业教育、成人教育，基础教育相关研究明显不足，但是“十三五”以来，特别是随着2020年《关于进一步激发中小学办学活力的若干意见》的出台，大量基础教育领域论文集中涌现。

一、对研究趋势的可视化分析

关键词共现图谱以“办学活力”为关键词，在中国知网（China National Knowledge Infrastructure，CNKI）数据库进行检索，共获取有效数据327条，使用CiteSpace软件对已有研究进行可视化分析，绘制的热点关键词共线图谱如图1-1所示。其中，节点越大，节点中心性>0.1，则表明该关键词在本研究领域越重要，是核心关键词，也是目前学者热议和关注的焦点。从2018年以来的研究趋势来看，“办学活力”“高职院校”“混合所有制”“办学自主权”“集团化办学”等关键词是近年来提出的新热点、新重点。热点关键词Top 20如表1-1所示。

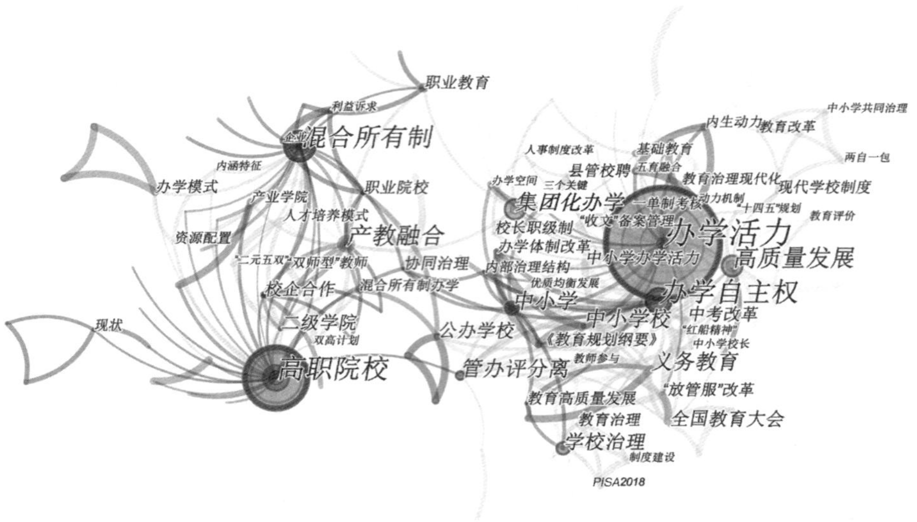

图 1–1　热点关键词共线图谱

表 1–1　热点关键词 Top 20 一览

序号	频次	中心性	年份	关键词	序号	频次	中心性	年份	关键词
1	59	0.33	2018	办学活力	11	6	0.20	2018	管办评分离
2	35	0.27	2018	高职院校	12	5	0.02	2018	校企合作
3	17	0.11	2018	混合所有制	13	5	0.01	2019	中小学校
4	16	0.14	2019	办学自主权	14	5	0.01	2019	混合所有制办学
5	12	0.13	2020	集团化办学	15	5	0.02	2019	二级学院
6	12	0.10	2018	产教融合	16	4	0.02	2021	义务教育
7	12	0.10	2021	高质量发展	17	4	0.02	2018	职业院校
8	10	0.04	2019	中小学	18	4	0.06	2018	公办学校
9	9	0.04	2020	学校治理	19	4	0.01	2021	基础教育
10	7	0.04	2018	职业教育	20	3	0.08	2020	协同治理

关键词突变表明该研究领域受外部政策、经济或某些强烈的突发因素影响，研究热点突然转向某一点。其突变强度越大，说明外部带来的作用影响越大。本研究关键词突变图谱中有 3 个关键词（如图 1–2 所示），

说明在2018年以"校企合作""混合所有制"作为激发高校、企业等育人主题办学活力的主要途径，针对如何提升办学活力还处于探索、构建阶段。但从2021年开始，关键词转为"高质量发展"，这与国家战略导向、党的二十大报告等外部政策环境影响密切相关。进一步说明该研究领域从初期探索阶段向发展阶段迈进，办学活力不再聚焦于模式、方法的创新，而是更关注内在质量的提升。因此，2021年至今，办学活力研究便将如何提升"高质量发展"作为研究热点与重点。

Keywords	Year	Strength	Begin	End	2018–2023
校企合作	2018	2.0895	2018	2019	
混合所有制	2018	2.2534	2018	2019	
高质量发展	2018	2.4039	2021	2023	

图1–2　3个关键词突变图谱

二、国内中小学办学活力研究的主要内容

现有国内中小学办学活力相关研究中主要讨论了四类问题。

（一）中小学办学活力的内涵

随着对办学活力问题的关注度提高，一些学者开始对办学活力的内涵进行解析。例如，石中英认为学校活力是对积极、自主和创造性的学校办学氛围的一种直观描述①；褚宏启认为,"活力"不是一个严谨的"概念"，而是一种口语表达，通俗而言，活力就是生命力，包括活着的动力与活着的能力，理论界其实早已有更好的概念反映"活力"一词要表达的意思，这个词就是"主体性"②。虽然具体界定各有不同，但可以看出办学活力有两个关键特征：第一，它是一种积极、主动、创造的主体性体现；第二，它是学校多领域主体性的整体体现。

---

① 石中英．学校活力的内涵和源泉［J］．河北师范大学学报（教育科学版），2017，19（2）：5–7.

② 褚宏启．让每一所学校充满生机与活力［J］．中小学管理，2020（11）：59–60.

（二）中小学办学活力的特征

张爽基于两所北京名校提炼出多样性、自主性、创造性的学校活力特征①；周至平同样基于学校案例提炼出理念的思想力、课程的生活力、师资的胜任力、制度的创造力、活动的开放力五个学校活力特征②；黄晓磊和邓友超用德尔菲法得出评价学校活力的4个维度（胜任力、自主性、开放度、认同感）和12个指标③。以上学校活力概念即本书所用的办学活力概念。

（三）中小学办学活力的阻碍因素与激发路径

方铭琳提出，阻碍办学活力的因素包括学校自主权受制于多方面的干涉、教育行政思维导致的管理弊病、学校办学自主权缺乏导致的过分依赖、评价导向不清导致的学校迷失发展方向、学校内部治理方式影响办学活力激发。④ 吕玉刚提出，《关于进一步激发中小学办学活力的若干意见》实质上针对着五方面制约办学活力的因素：管得过多、管得过死、激励不够、保障不够、管理机制不健全。⑤ 同时，学者们试图从系统的角度全面设计激发办学活力的要点和路径。褚宏启认为激发办学活力需要解决的关键问题是办学自主权的保障⑥；张爽将激发办学活力的因素总结为"解制、治理与文化认同"⑦；李红恩将活力激发要素提炼为"权力、能力、外力"⑧；孙波分析了农村薄弱校办学自主权问题，从政治权利、

---

① 张爽．学校活力的表现和提升策略——基于两个案例的分析［J］．教育学报，2017，13（1）：39-45.

② 周志平．学校活力的表现、内涵与生成逻辑——基于陶行知两所学校的办学实践分析［J］．当代教育科学，2019（4）：19-23.

③ 黄晓磊，邓友超．学校活力评价指标体系构建——基于德尔菲法的调查分析［J］．教育学报，2017，13（1）：23-31.

④ 方铭琳．激发中小学办学活力的系统对策研究［J］．人民教育，2019（12）：13-17.

⑤ 吕玉刚．让"全面激发中小学办学活力"落到实处［J］．中小学管理，2020（11）：5-7.

⑥ 褚宏启．让每一所学校充满生机与活力［J］．中小学管理，2020（11）：59-60.

⑦ 同①。

⑧ 李红恩．权力、能力、外力：影响中小学办学活力的重要因素探析［J］．中小学管理，2020（11）：21-23.

经费投入、机会扩展、信息透明、防护保障五个方面提出了提升途径[①]。李金钊指出，上海教科院普教所试图建立区域办学制度环境指标，优化办学过程、区域生态，并倡导新的教育质量观。[②]李红恩认为，激发中小学办学活力，关键在于增强学校办学内生动力，学校要重视制度建设，增强学校治理结构规范性；要营造良好氛围，注重学校文化建设引领性；要完善激励机制，激发教师教书育人积极性；要坚持全面发展，促进学生自觉学习主动性。[③]

（四）提升中小学办学活力的具体切入点与策略

也有研究聚焦于办学实践中提升中小学办学活力的具体切入点与策略，主要涉及五个方面：①办学自主权落实；②学校文化与特色；③课程教学改革；④教师管理与专业发展；⑤办学体制改革与优质资源带动。

比如，陈慧在借鉴 TALIS 2018、PISA 2015 和 SABER 2014 等国际调查工具的基础上，对上海校长办学自主权进行了调查分析，进而提出：加强校长课程教学和育人能力，寻找办学内生动力；增强校长规划学校发展自主权，营造独特育人文化；优化校长内部管理领导自主权，强调绩效责任分布；落实校长、教师专业发展自主权，注重教育科研引领，落实学校办学自主权。[④]叶存洪指出，激发中小学办学活力的内部措施主要体现为审视路径依赖，变革育人思维，完善内部治理机制，增强办学内生动力。[⑤]

此外，四川省成都市新都区北星小学通过重心下移让掌握信息更多的人参与决策，通过项目管理让志同道合者结成同盟，通过团队评价让合作式同事关系成为常态，并通过自主聘用权和薪酬动态管理权的实施，有效激发了办学活力。[⑥]北京八中提出激发学校办学活力的两个关键是办

---

① 孙波．可行能力视域下农村薄弱学校办学自主权研究——以C市M学校为个案［D］．长春：东北师范大学，2020.

② 李金钊．优化办学制度环境　激发学校办学活力［J］．上海教育，2021（28）：16.

③ 李红恩．激发学校办学活力关键在于增强办学内生动力［J］．中国德育，2021（8）：5–8.

④ 陈慧．中小学校长办学自主权比较研究［D］．上海：上海师范大学，2021.

⑤ 叶存洪．激发中小学办学活力的外部措施［J］．江西教育，2021（28）：43.

⑥ 曾祥琼．制度赋能，激发办学活力［J］．人民教育，2021（9）：51–53.

学方向和教师发展，并提出学校活力建设的“一体两翼三阶”。[①]太仓市沙溪实验中学通过“微笑”学校文化的建设，为学校的发展构建一个活力系统。[②]福建连城县实验小学提出校本研究是学校活力之源。[③]上海市通过一系列中考改革措施，有效激发了学校活力、促进了学生成长。[④]

三、国外办学活力相关文献主要内容

国外关于办学活力的相关研究主要集中于三个方面。

（一）组织活力的内涵

组织行为学相关学者对组织活力的内涵进行了研究，例如 Woodman 认为绩效和增长是活力的贡献因素[⑤]，Vicenzi 和 Adkins 将组织活力分为运作型、智力型、情感型和精神型四种类型[⑥]，Bishwas 和 Sushil 将组织活力分为生存、成长和绩效三个维度[⑦]，虽然划分标准差异较大，但不难看出一个组织的活力至少要与其维持并发展的能力和效果密切相关，是组织生命状态的体现。

（二）有活力的学校的特征

教育及教育管理学者研究了有活力的学校的特征，其中有些直接使用了“活力”一词（vitality）。例如，Maher 提出了高等教育制度活力的两种表现：为成员提供适当的安全和尊重，使之不断努力；利用挑战激发员工的创造力，并且认可那些为组织作出重大贡献的人。[⑧]但更多

---

① 唐挈．激发学校办学活力“一二三”［J］．中国教育学刊，2021（4）：103.

② 丁玉萍．构建微笑学校文化　引领学校活力发展［J］．江苏教师，2012（22）：3-5.

③ 杨小兵．校本研究是学校活力之源［J］．小学教学参考，2007（15）：20.

④ 杨振峰．上海中考改革：激发学校活力，促进学生成长［J］．上海教育科研，2021（4）：1.

⑤ WOODMAN R W. Creativity as a construct in personality theory［J］. Journal of creative behavior，2011，15（1）：43-66.

⑥ VICENZI R，Adkins G. A tool for assessing organizational vitality in an era of complexity［J］. Technological forecasting and social change，2000，64（1）：101-113.

⑦ BISHWAS S K，Sushil. Life：An integrated view of meta organizational process for vitality［J］. Journal of management development，2016，35（6）：747-764.

⑧ MAHER T H . Institutional vitality in higher education［J］. Aahe bulletin，1982（6）：6.

研究最终落在描述学校的先进性以及专业发展能力的指标上，因此并没有直接使用“活力”一词，而是用健康、优质、高效能等术语涵盖了活力的内容。这些指标的共同关注点在于：组织氛围、激励制度和专业技术。

（三）如何激发办学活力

在如何激发办学活力方面，主要有两方面成果可以借鉴。一方面是关于办学自主权，国外研究的重心依照“分权化—校本化—‘赋权’转向‘增能’”这样的顺序发生着变化。另一方面是关于学校内生动力的来源，此方面存在三类观点：①将能力作为发展的核心动力，比如迈克尔·富兰（Michael Fullan）提出不管对于个人还是对于组织来说，变革动力的核心能力都是个人或组织在愿景、探索和协作等方面的能力[①]。②将学校中的要素作为发展的内部动力，比如美国社会心理学家库尔特·勒温（Kurt Lewin）认为，来自内部的改革动力主要有员工的需要和价值、组织管理的过程等[②]。③将学校中存在的问题作为促进学校发展的内部动力，比如学校教育质量低下、学校管理体制僵化、权力日益集中、官僚主义日益严重、教师和学生的表现较差、学生的高旷课率、学生的高辍学率、教师的高转行率、学校和社区的糟糕关系、管理部门和工会的糟糕关系以及教师士气和满意度的低下、教师的罢工、职工的抱怨等问题。

关于办学活力的丰富研究成果具有极大的基础性价值和启示意义。首先，诸多学者对办学活力的讨论使“办学活力”这一概念在学术视域中获得了一席之地，逐渐成为被接受的正式概念，推进了中国特色社会主义教育理论的发展。其次，明确了办学活力的激发必然是多种力量相互作用而成的结果，必须用整体优化思想作为研究与改进的基本方法论。最后，各地区、各学校的探索与实践为高质量发展背景下进一步探寻激发学校办学活力的系统化、创新性路径提供了有益的启示与借鉴。

① FULLAN M，QUINN J. Coherence：The right drivers in action for schools，districts，and systems［M］. ThousandOaks：Corwin Press，2016：1–3.

② LEWIN K. Frontiers in group dynamics［J］. Human relations，1947（1）：5–41.

第三节 中小学办学活力概念界定

中小学办学活力的定义是一个多维度且富有深度的概念，它不仅关乎学校的生存状态，更涉及其持续发展与创新能力。“活力”一词本身蕴含了丰富的内涵，主要包括三重基本含义：首先，活力指的是旺盛的生命力，象征着源源不断的能量与生机；其次，活力体现在行动上、思想上或表达上的生动性，意味着不拘一格、灵活多变；最后，活力还代表着动能，是推动事物向前发展的内在力量。

要想将“活力”这一概念引入教育领域，特别是中小学的办学实践中，就需要以学校这一实体为载体，通过具体的教育教学活动和管理实践展现“活力”。办学活力的强弱直接反映了学校在教育创新、教学改革、师资建设、学生培养等多个方面的能力与成效。依据活力程度的不同，可以将办学活力划分为两种基本状态：一是满足生存需要的活力，这主要体现在学校能够维持日常运转，确保基本的教学质量与管理水平；二是满足发展需要的活力，这要求学校不仅要“站稳脚跟”，更要“迈开步子”，在教育教学理念、方法、技术等方面不断探索与创新，以适应时代变迁和社会发展的需求。

“办学活力”这一概念虽然在实践层面得到了广泛的认可与应用，但在理论层面却相对模糊，缺乏统一而清晰的界定。有学者认为它不是学术概念①，有学者认为它是对办学氛围的描述②。在已有文献中，对办学活力或学校活力明确下定义的研究成果十分有限。近年来，随着教育改革的不断深化，学者们对办学活力的关注与研究也日益增多，试图从不同角度、不同层面揭示其内涵，各有侧重，以外延定义法和突出重点的诠释说明为主，缺乏对办学活力基本属性和本质特征的提炼。即便如此，已有文献在以下几个方面也确实达成了较高程度的共识。

① 参考褚宏启在《让每一所学校充满生机与活力》一文中的观点。
② 参考石中英在《学校活力的内涵和源泉》一文中的观点。

一、办学活力是一种组织发展的状态描述

办学活力不仅是学校表面上的繁荣与活跃，更是对学校整体组织发展状态的一种深刻描述。它涵盖了学校在教育、教学、管理等多个方面表现出的生机与活力。办学活力旺盛的学校通常能够迅速适应外部环境的变化，及时调整内部结构与策略，以确保学校的长期稳定发展。这种组织发展的状态描述，不仅反映了学校的当前状况，更预示着其未来的发展趋势与潜力。因此，办学活力是学校综合竞争力的重要体现，也是评估学校教育质量与办学水平的关键指标。

二、办学活力根本上指向主体的发展性

这里的主体既包括学校，也包括学校中教师、学生等个体成员。对于学校而言，办学活力是其持续发展的内在动力，推动着学校在教育理念、教学方法、管理机制等方面不断创新与进步。对于教师而言，办学活力体现在其专业素养的不断提升、教学创新能力的持续增强以及对学生个体差异的充分关注与尊重上。对于学生而言，办学活力则意味着他们能够在积极向上的学习氛围中充分挖掘自身潜能，实现个性化与全面发展。因此，办学活力从根本上说，是学校及其成员共同追求发展与进步的具体体现。

三、办学活力是组织和个体共同呈现出的发展状态

办学活力在学校中的多维度体现，是个体与组织共同呈现出的发展状态，个体与组织的发展相互促进、互为条件、不可割裂，只有当学校组织与个体成员都保持高度的活力和创新精神，才能够共同推动学校的持续发展与进步。从组织层面来看，有活力的学校拥有明确的教育目标、先进的教育理念以及完善的管理体系，为教师提供广阔的发展平台，为学生创造优质的学习环境，这样才能够有效提升教师的教学能力和专业素养，激发学生的学习兴趣和创造力，推动学校整体教育质量的稳步提升。然而，学校的办学活力并非凭空而来，它离不开每一个个体成员的

积极参与和贡献。从个体层面来看，教师作为学校教育教学活动的主体，其专业素养、教学能力以及创新精神是学校办学活力的重要源泉。只有当教师具备高度的责任心和使命感，勇于探索新的教学方法和技术，才能够不断推动学校教育教学质量的提升。同时，学生的成长与发展也是学校办学活力的重要体现，只有学生在学习过程中充分发挥自身潜能、提高综合素质，才能够真正体现学校教育的价值和意义，将学校的活力落到实处。

基于上述分析，本书将中小学办学活力界定为：学校在办学过程中展现出的具有积极性、主动性与创造性的运行状态。这种状态不仅是学校整体繁荣与活跃的体现，更是对学校发展潜力的深刻揭示。办学活力旺盛的中小学，能够敏锐地感知外部环境的变化，并迅速调整内部结构与策略，以适应时代的需求，确保学校的长期稳定发展。

具体来说，中小学办学活力的积极性体现在学校对教育事业的热情投入上。学校拥有明确的教育目标，致力于提升教育质量与办学水平，积极为教师提供广阔的发展平台，为学生创造优质的学习环境。这种积极性不仅激发了学校内部的动力，也增强了学校与外部社会的联系，为学校赢得了良好的社会声誉。

主动性是中小学办学活力的重要特征。学校在教育理念、教学方法、管理机制等方面不断创新与进步，主动探索适合自身发展的道路。教师作为学校教育教学活动的主体，具备高度的责任心和使命感，勇于探索新的教学方法和技术，不断提升自身的专业素养和教学能力。学生也在这种主动性的氛围中，积极参与学习活动，展示个人特长，实现全面发展。

创造性则是中小学办学活力的核心所在。学校在教育实践中不断尝试新的思路和方法，勇于突破传统框架的限制，创造出具有自身特色的教育模式。这种创造性不仅体现在学校整体组织的发展上，也渗透在教师与学生的个体成长中。教师通过创新教学方法和手段，激发学生的学习兴趣和创造力；学生则在教师的引导下，勇于探索未知领域，培养自己的创新思维和实践能力。

可见，中小学办学活力是一种具有积极性、主动性、创造性的状态，它体现了学校及其成员共同追求发展与进步的精神风貌。只有当学校整体组织与个体成员都保持高度的活力和创新精神时，才能够共同推动学校的持续发展与进步，实现教育事业的繁荣与发展。

值得注意的是，在探讨办学活力的过程中，一些文献对“办学活力”与“学校活力”两个概念进行了细致的区分。尽管两者在侧重点上存在差异，如“办学活力”侧重学校作为教育机构的办学行为与效果，而“学校活力”则更多地指向学校整体氛围、师生精神状态等方面，但在实际操作与研究中，两者往往相互交织、密不可分。因此，本书在不影响核心论述的前提下，对这两个概念进行了同一处理，将其作为一个概念进行研究，以便更全面地探讨和分析中小学办学活力的现状与提升策略。

第二章

中小学办学活力的理论基础与生成机制

在我国，办学活力更多的是作为一个政策术语存在，实践中激发办学活力的举措也较为丰富和具体。但是在学理上，中小学办学活力的本质究竟是什么，对于学校发展而言办学活力最核心的作用是什么，中小学办学活力产生的最基本条件是什么……一系列基础性问题还需要进一步厘清。只有揭示了中小学办学活力的底层逻辑，才能清楚界定其内涵、明确其与其他学校发展要素之间的关系，进而在不同层面进一步探寻促进学校活力的路径与策略。

第一节　中小学办学活力研究的理论基础

一、熵理论

熵理论的核心内涵可表述为：在任何孤立且封闭的自然系统内部，必然发生能量形式的转换过程，且该过程具有不可逆性，其转化方向始终遵循从有效能量向无效能量、可利用能向不可利用能转变的基本规律。在此能量转换过程中，系统内部产生的所有无法被再次利用的无效能总和即构成熵的量化表征。通过该理论内核可知，熵理论的研究客体属于孤立封闭系统范畴，其核心价值在于明确揭示了封闭系统内部能量转化的基本条件、转换路径、作用强度及最终转化结果等核心要素。需要特别强调的是，熵理论构成了耗散结构理论体系形成的重要理论基础。该理论具备系统性研究视角，其内涵深刻揭示了不同领域各类系统运行过程中存在的普适性规律，进而为多学科的系统化研究提供了创新性的方法论指导。这种理论特性不仅打造了跨学科研究的新范式，更使其发展成为当前具有广泛适用价值的交叉学科研究方法论工具。

熵理论得到各领域科学家及学者们的密切关注，在共同推动下，熵理论的内涵得到了进一步提炼和补充。熵增原理：在一个孤立且封闭的系统中，任何不可逆过程都将导致熵的增加，熵只有对可逆过程才是不变的。极大熵原理：当一个系统稳定在最大熵状态并在这个状态下运行时，系统处于混乱无序的状态，效率低下，要想改善系统运行状态，提高系统运行效率，就要降低系统熵值，使系统运行在低熵状态。

在管理学领域，熵理论被用来描述组织内部的混乱程度和管理效率的递减规律。管理熵是指任何一种管理的组织、制度、政策方法等，在相对封闭的组织运动过程中，总是呈现出有效能量逐渐减少，而无效能量不断增加的一个不可逆的过程，熵的大小则主要用来衡量组织结构、流程、信息交流等方面的混乱程度与效率损失。熵理论在管理学中的应用，有助于组织理解其内部的动态变化，预测和应对可能出现的混乱和无序，从而提高组织的适应性和竞争力。

二、耗散结构理论

基于熵理论的发展演进，比利时物理学家伊利亚·普里戈金（Ilya Prigogine）作为诺贝尔奖得主，提出了具有里程碑意义的耗散结构理论。该理论本质上是熵理论框架的拓展延伸，其核心要义可概括为：一个远离平衡的开放系统，当外界条件变化达到某一特定阈值时，系统通过不断与外界进行物质交换和能量交换，会从原来的无序状态转化为一种时间、空间或功能的有序状态，此时形成远离平衡的、稳定有序的结构。耗散结构理论指出非平衡是有序之源，平衡态是无序的，系统朝向有序或无序发展。耗散结构形成和维持的基本条件有以下四点。

第一，开放系统。耗散结构理论强调，系统必须保持开放性以维持与外界环境的物质、能量及信息交互。在孤立系统中，由于熵增定律的支配作用，系统熵值将随时间持续累积直至达到无序程度最大的平衡态。而开放体系的总熵变由外部熵交换与内部熵产生共同决定，即遵循总熵变值 = 外部熵交换值 + 内部熵产生值的定量关系。当系统引入的负熵流（外部熵值小于 0）强度足以抵消内部熵增（外部熵值大于 0），并促使总熵变呈现负向趋势时，系统整体熵值得以降低，从而驱动系统向有序化方向演进。

第二，远离平衡态。系统必须处于远离热力学平衡的非线性作用区域，这是有序结构形成的物理基础。开放系统在外界驱动力作用下逐步脱离平衡态，随着开放程度的深化与外源作用强度的提升，系统从近平衡区向远离平衡的非线性区迁移，此过程为耗散结构的形成创造了必要条件。只有在非平衡条件下，系统才能突破热力学限制实现自组织演化。

第三，非线性相互作用。系统内部各子系统间需存在非线性相互作用机制，这类作用具有非叠加性与非线性反馈特征。正是这种非线性耦合关系，使得系统在子系统相互作用的基础上，通过协同效应呈现出全新的整体性质，形成“整体大于部分之和”的复杂系统行为。

第四，涨落和突变。当系统接近临界阈值时，内部的长程关联效应引发协同运动，此时系统动力学的非线性方程存在多解可能，这种可能是由瞬间的涨落和突变造成的偶然性支配的。普里戈金提出“涨落导致有序”的论断，揭示了非平衡系统在具备宏观有序条件时，随机涨落对结构形成的决定性作用。当控制参数超过临界阈值时，原有热力学分支失稳，新的耗散结构分支得以稳定存在，系统由此完成从无序混沌态向有序结构的相变跃迁，此过程中涨落发挥了核心触发功能。

耗散结构理论强调自组织现象，即系统在没有外部指令的情况下，通过内部的相互作用和能量耗散，自发地形成有序结构。这种自组织现象在远离平衡态的开放系统中尤为明显。热力学第二定律指出，物理系统倾向于自发地、不可逆地滑向无序状态（这是一个由熵增加驱动的过程）；然而，它并没有解释复杂系统如何能够从较低的有序状态自发产生，并无视最大熵的趋势而保持自身。普里戈金认为，只要系统接受来自外部的能量和物质，非线性系统（或他所称的耗散结构）就会经历不稳定期和自组织期，最终形成更复杂的系统。

三、对熵和耗散结构理论的进一步认识

普里戈金的耗散结构理论认为系统的负熵来自环境，但是薛定谔对于熵的定量研究进一步推进了对负熵形成机制的认识。薛定谔在《生命

是什么》一书中，在对负熵作出定性描述后，又给出了负熵的数学表达式，即定量描述：负熵 $=k\log 1/D$,（$D>1$），其中 k 为玻尔兹曼常数，D 为热力学概率，即无序状态的数量量度。

由该公式可知，负熵是系统状态参量 D 的单值函数，D 越大，负熵越小。负熵与系统有序程度的关系是：负熵越小，系统有序程度越低；负熵越大，系统有序程度越高。系统增加负熵只有在系统状态参量热力学概率 D 减少的前提下才能实现。D 的减少标志着系统状态发生了改变，换言之，D 的减少只能是系统状态演化过程的结果，因此系统只能通过状态演化过程获取负熵。系统从外界获取物质和能量只是系统状态演化过程的一个环节，仅由系统从外界获取物质和能量无法判断系统的演化过程与演化方向。系统从外界获取物质和能量并不能直接获取负熵，只能在外界物质能量作用下通过系统内部状态演化过程来获取负熵。系统获取负熵标志着系统有序程度增加，即系统获取负熵标志着系统向高度有序方向演化。

以上分析能够清晰地揭示系统负熵有序发展的机制：系统只能通过状态演化过程获取负熵，系统能否获取负熵不仅取决于系统外部环境对系统所输入的物质和能量（外部因素），也取决于系统内部吸收、转化物质能量的机制（内部因素）。这揭示了系统状态变化由内、外部因素共同决定的客观规律，符合内因与外因共同决定事物发展变化的哲学原理。因此，研究事物的发展，不能将内外因割裂开来，而是要从内外协同、吸收转化的角度，重点研究在外部条件作用下，系统内部如何调整重组，积极谋求内部状态变化，以更好的结构和功能获取更适合发展要求的新秩序。

四、组织生命周期和组织惰性

马森·海尔瑞（Mason Haire）最早提出“企业生命周期”的概念。他指出可以用生物学中的“生命周期”观点来看待企业，认为企业的发展也符合生物学中的成长曲线。他还指出企业在发展过程中会出现停滞、消亡等现象，导致这些现象出现的原因是企业在管理上的不足，即一家企业在管理上的局限性可能影响其发展的极限。之后，哥德纳（Gardner）进一步指出，与生物学中的生命周期相比，企业的生命周期有其特殊性，主要表现在：①企业的发展具有不可预期性。一家企业由年轻迈向年老可能会经历 20~30 年，也可能会经历几个世纪。②企业在发展过程中可能会出现一个既不明显上升也不明显下降的停滞阶段，这是生物生命周期所没有的。③企业的消亡并非不可避免，企业完全可以通过变革实现再生，从而开始一个新的生命周期。[①] 在马森·海尔瑞和哥德纳之后，以生命周期理论来研究企业成长以及产品更新、产业更替、技术变迁等与企业成长相关现象的学者越来越多，甚至这一理论也被更多的组织采用。虽然学校和企业具有一定的差异，因为学校是由政府创办的教育机构，具有公共部门的性质，但是从组织发展的角度来看，学校和企业作为独立运行的社会组织机构，发展规律仍有很多相似之处。组织生命周期理论为我们理解学校的发展提供了一个宏观的框架。学校作为一个组织，其发展历程也遵循着类似的规律，从建校初期的起步发展到逐步成长壮大，再到面临各种发展瓶颈，最后可能走向衰落或者通过变革实现新的发展。

在组织发展中，影响企业或学校生命发展的一个重要因素就是存在组织惰性。原本意义上，惰性是指有些物质不易跟其他元素或化合物化合的性质。组织惰性是指组织面对周围环境的变化仍然按照原来的行为方式行事的不易改变性。[②] 传统组织理论领域学者侧重从认知、行动和资源等方面对组织惰性进行解读，例如，Barton 从核心能力刚性的角度探讨了组织惰性，认为核心能力容易形成核心刚度，其中最普遍但也是最不被人意识到的原因之一是过分强调目标。也就是说“人们总是屈从于一个简单的概念，好东西多多益善。以前有益的活动如火如荼地开展，结果过犹不及，不是促进而是阻碍”[③]。他还指出了核心能力刚性的四个

① 魏光兴．企业生命周期理论综述及简评［J］．生产力研究，2005（6）：231-232.

② 白景坤．组织惰性的生成与克服研究［D］．大连：东北财经大学，2009.

③ LEONARD-BARTON D. Core capabilities and core rigidities: A paradox in managing new product development［J］. Strategic management journal，1992（13）：111-125.

特征：对以往经验的盲目迷信、内部限制创新、限制未来进行创新性的试验、从外部吸收的新知识被滤除。在组织理论研究新领域，对组织惰性的理解主要集中在环境选择与路径依赖两个方面。Hannan 和 Freeman 认为“组织对环境变化的回应速度跟不上环境变化是因为组织结构存在无法任意改变的维持旧有形态的惯性”①。

第二节　中小学办学活力的本质

根据组织生命理论，组织在发展中会产生组织惰性，组织惰性实质上是一个熵增的过程，熵值越大，组织的无序程度就会越高，逐渐陷入混沌无序的状态，最终达到极限，即熵死。组织由盛转衰或是停滞不前均是向着熵增方向发展，从而导致组织的生机活力减弱乃至消失。然而，组织在发展过程中不可避免地会产生组织惰性。从熵增的概念来理解，组织惰性是一种自然的趋势。组织惰性表现为组织成员对现状的满足，缺乏创新意识和变革动力。在学校组织中，这种惰性可能体现在多个方面。例如，教师长期采用固定的教学方法，不愿意尝试新的教学理念和方法；学校管理体制僵化，缺乏灵活性，对于新出现的教育需求和社会变化反应迟缓；学校文化逐渐变得保守，对新思想、新观念的包容性降低；等等。随着学校组织惰性的增加，学校组织的熵值不断增大。随着熵值的增大，教师可能会失去对教学的热情，仅仅是按照既定的模式完成教学任务，缺乏对教育教学方法的探索和创新。学生在缺乏活力的教学环境中，学习积极性也会受到打击，他们可能会变成被动地接受知识，缺乏主动思考和探索的欲望。从学校整体的创新能力来看，熵增也抑制了创新的产生，成员们更倾向于维持现状，不愿意承担创新带来的风险。这就如同一个封闭的系统，内部的能量逐渐变得混乱无序。在这种情况下，学校的各项工作可能会陷入一种低效的状态：教学活动可能变得机

① HANNAN M T, FREEMAN J. The population ecology of organizations [J]. American journal of sociology, 1977 (82): 929-964.

械、缺乏活力，无法满足学生日益多样化的学习需求；管理决策可能变得迟缓，无法及时应对学校内部和外部环境的变化；学校与外部环境之间的交流也可能受到阻碍，导致学校逐渐脱离社会发展的潮流。这样一来，学校就难以在教育教学方法、课程设置、学校管理等方面进行有效的创新，从而导致学校在激烈的教育竞争中逐渐失去优势，发展停滞不前，甚至走向衰落。

这时，学校需要通过激发办学活力来对抗熵增，使学校获得主动、积极、创新的能量。本质上，激发办学活力是学校发展过程中获取负熵的过程，旨在通过一系列的办学行为对抗导致熵增的因素，从而保持组织健康发展。而学校所体现出的活力则是学校发展中的负熵，以使学校行为增强积极性、主动性和创造性。

如图 2-1 所示，作为一种能够对抗熵增的力量，办学活力能够使学校组织保持有序性并不断发展。通过激发办学活力，学校可以打破组织惰性带来的无序状态，重新营造出积极向上、富有创新和活力的组织氛围。

图 2-1　熵理论下办学活力的实质

在学校管理层面，具有活力的学校管理表现为管理决策的高效、灵活，能够及时根据学校内部和外部环境的变化作出调整。学校能够根据社会对人才需求的变化，及时调整课程设置和教学评价体系；能够根据教师和学生的需求，优化学校的管理流程和资源分配。这种积极的管理行为能够使学校组织更加适应环境的变化，保持良好的运行状态。从熵的角度来看，有效的学校管理减少了学校组织内部由于管理不善而产生的无序现象，避免了各种资源的浪费和矛盾的积累，进而降低熵值。

在学生层面，办学活力体现在学生积极参与各种学习活动和社会实践活动等方面。学生不再是被动地接受知识，而是主动地探索知识、发现问题并解决问题。学生积极参加科技创新比赛、文化艺术活动等，这些活动能够培养学生的综合素质和创新能力。

从熵的角度来看，在学生层面，学生积极主动地学习、参与活动，学习兴趣高涨，学习态度积极，使得学生个体的学习状态从无序走向有序。当办学活力被激发时，学生的积极学习行为不仅能够降低自身的熵值，也将对学校整体的有序发展作出贡献。

在教师层面，充满活力的教师会积极参加各种培训和学习活动，不断提升自己的专业素养，这对于学校发展至关重要。他们不再相互孤立，各自为政，而是主动与同行进行交流和合作，分享教学经验和教育资源，促进知识和经验的有效传播与整合。这种积极的行为有助于打破教师个体之间的知识壁垒，促进知识的流动和共享。从熵的角度来看，这是一种减少教师群体内部无序现象的过程。

第三节　中小学办学活力的生成机制

一、办学活力的生成条件

耗散结构理论强调，一个远离平衡态的开放系统，通过不断与外界交换物质、能量和信息，当系统内部某个参量变化达到一定阈值时，系统可能发生非平衡相变，从原来的无序状态转变为在时间、空间或功能上的有序状态。在学校系统中，这意味着学校要保持开放，不断从外界获取资源（如教育资金、新的教育理念、优秀师资等），同时向外界输出人才、教育成果等。学校与高校、科研机构等的合作交流就是典型的与外界交换物质、能量和信息的过程。这种开放的状态有助于学校获取负熵流，降低自身熵值，从而激发办学活力。

基于上述理论分析，办学活力的生成条件可归纳为以下四个方面。

（一）开放性——博采众长

开放性是学校产生活力的首要条件。学校必须与外部环境保持广泛而深入的联系。从教育资源的获取来看，学校需要与政府、社会、企业等建立合作关系，获取资金、设备、实习基地等资源。学校与企业合作开展职业教育项目，可以为学生提供实践机会，同时也能获取企业的技术支持和资金投入。在教育理念的更新方面，学校要关注国内外教育发展的最新趋势，积极参加教育研讨会、学术交流活动等，引进先进的教育思想，并将其融入本校的教育教学实践中。只有保持开放，学校才能不断吸收负熵，抵消内部的熵增趋势，为办学活力的产生提供外部动力。

（二）远离平衡态——不断突破

学校要远离平衡态，这意味着学校不能满足于现状，而是要不断寻求发展和变革。如果学校处于一种平衡态，即教学模式固定、管理方式僵化、师生缺乏创新动力等，那么学校就会陷入熵增的陷阱，逐渐失去活力。在课程改革方面，如果学校总是沿用传统的课程体系，不根据社会需求和学生身心发展的变化进行调整，那么学校的教育教学质量就难以提高。学校要通过不断设置新的发展目标、挑战传统观念、推动教育教学创新等方式，使自身远离平衡态，从而为自组织过程提供内在动力。

（三）非线性相互作用——互动协同

学校内部各子系统之间存在着非线性相互作用。这种非线性相互作用使得学校系统具有复杂性和多样性。教师与学生之间的互动不是简单的线性关系。一位优秀教师的教学方法可能会对不同学生产生不同的影响，有的学生可能会迅速提高成绩，而有的学生可能会在综合素质方面得到提升。同样，学校的管理决策与教师的教学行为、学生的学习成果之间也存在着复杂的非线性关系。这种非线性相互作用能够产生协同效应，当各子系统之间的相互作用达到一定程度时，就可能引发学校整体的变革和发展，进而产生活力。

（四）涨落——敏锐撬动

涨落是自组织过程中的一个重要概念。在学校中，涨落可以表现为各种偶然事件或局部的变化。某个教师的一项创新教学实验取得了显著成果，或者某个学生组织的一次特色活动引起了广泛关注。这些涨落可能在初始阶段只是局部的、微小的变化，但如果学校能够敏锐地捕捉到这些涨落，并加以放大和引导，就可能引发学校整体的变革。学校可以将教师有关创新的教学经验进行推广，将学生组织的特色活动发展为学校的品牌活动，从而推动学校在教学、校园文化建设等方面的发展。

二、内外协同的生成机制

（一）外部因素：负熵的获取与学校开放性

从熵的角度来看，学校要保持活力，就需要从外界获取负熵。这要求学校具有开放性，能够与外部环境进行广泛的交流与合作。外部环境为学校提供了丰富的资源和信息，如教育政策的支持、社会资源的投入、先进教育理念的传播等。例如，政府出台的教育政策可能会为学校提供更多的发展机会，如鼓励学校开展素质教育、支持学校进行教育信息化建设等。学校如果能够积极响应这些政策，就能够从政策支持中获取发展的动力，这是一种负熵的获取。此外，社会各界对教育的关注和投入也为学校提供了物质和精神上的支持。企业可能会为学校捐赠教学设备、设立奖学金等；社区可能为学校提供社会实践基地等资源。这些外部资源的获取有助于学校改善教育教学条件，提高教育质量，从而增强学校的办学活力。然而，仅仅依靠外部因素的输入并不足以完全激发学校的办学活力。学校还需要具备对外部资源的吸收和转化能力，这就涉及内部因素的作用。

（二）内部因素：学校内部的吸收转化机制

学校内部的吸收转化机制是办学活力的关键内部因素。即使学校能够从外部获取大量的资源和信息，如果缺乏有效的吸收转化机制，这些外部资源和信息也难以真正转化为推动学校发展的动力。

学校内部的吸收转化机制包括多个层面。在教师层面，教师需要具备将外部教育理念和教学方法内化为自己教学实践的能力。当学校倡导一种新的理念或范式时，教师需要通过学习、研究和实践，将这种理念或范式与自己的教学风格和学生的特点相结合，并将其转化为适合本校学生的教学方式。在学校管理层面，学校需要建立有效的管理机制，将外部的资源合理地分配到各个部门和项目中，使其发挥最大的效益。此外，学校的文化氛围也对内部吸收转化机制有着重要的影响。一个积极开放、鼓励创新的学校文化能够促进教师和学生对外部资源的吸收和转化。在这种文化氛围下，教师和学生更愿意尝试新的事物，并且能够在实践中不断地总结经验、改进方法。相反，保守、封闭的学校文化会阻碍学校对外部资源的吸收和转化，导致学校无法有效地利用外部负熵来提升办学活力。

内部转化实现学校的熵减并不是同步完成的。当有新思想、新政策、新资源进入学校后，首先，一些群体或者领域最先被涉及、最先开始变革，当这些群体或者领域成功变革后，这部分负熵增加；其次，这部分群体或者领域再去影响其他群体或者领域，实现由点及面或者由浅及深的撬动，负熵的覆盖范围也随之越来越广，最终形成学校整体熵减的状态。当然，在这一过程中，也可能存在变革失败或者影响有限的情况，当所产生的负熵明显不足、不能对抗熵增时，活力也无法被激发。因此，进一步说明外部因素是学校活力产生的必要条件，内部因素是学校活力产生的充分必要条件（如图 2-2 所示）。办学活力，重点应放在内生动力的激发上。

内生动力的产生有三个关键因素：

第一，变革的先锋群体或领域。这些先锋群体或领域往往具有较高的敏感性和适应性，能够迅速接纳并实践新的理念和方法。他们的成功变革不仅增加了自身的负熵（即减少了混乱度，增加了有序性），还为后续的变革提供了示范和借鉴。

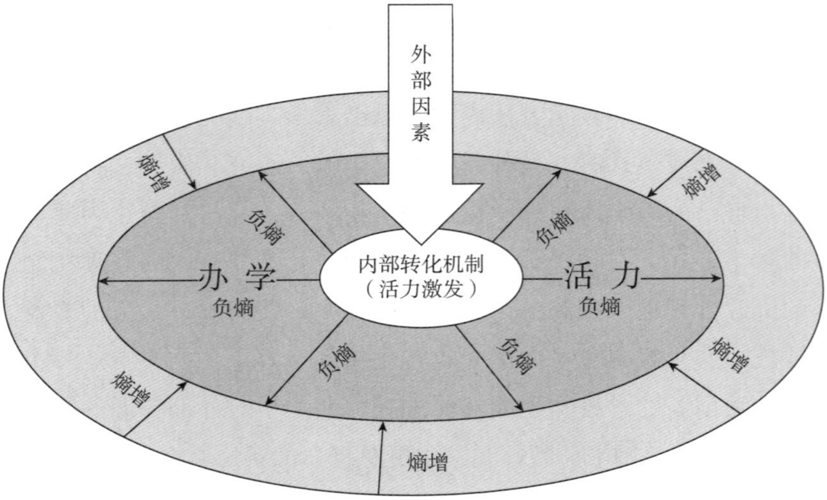

图 2-2　活力产生机制

第二，变革的扩散效应。先锋群体或领域的成功变革会逐步影响其他群体或领域。这种影响可能是直接的，如通过培训、交流等方式传播新的理念和方法；也可能是间接的，如通过改变学校的文化氛围、提升整体认知等方式间接推动变革。随着变革的扩散，负熵的覆盖范围越来越广，学校的整体熵减状态逐渐形成。

第三，变革的挑战与风险。可能存在变革失败或影响有限的情况。当所产生的负熵不足以对抗熵增时，学校的活力将受到抑制。因此，需要密切关注变革的进展和效果，及时调整策略和方法，以确保变革的成功推进。

综上所述，办学活力的本质是学校发展中的负熵，它是一个对抗熵增的过程。通过对组织生命理论和自组织理论中“熵”这一概念的分析，我们可以看到办学活力是维持和促进学校正向发展的力量。办学活力的产生不仅与外部环境的负熵获取有关，更依赖于学校内部具有良好的吸收转化机制，能够通过组织内部调节达到熵减，让学校重新获得新的、更高层面的秩序，实现持续发展。只有全面理解和把握办学活力的本质，才能在中小学办学实践中有效地激发办学活力，促进学校健康发展。

三、新发展理念对办学活力的引领与支撑

理念是行动的先导。党的十八大以来，以习近平同志为核心的党中央创造性地提出了“创新、协调、绿色、开放、共享”的新发展理念，引领我国教育事业发展取得历史性成就、发生历史性变革。“创新、协调、绿色、开放、共享”的新发展理念，是习近平新时代中国特色社会主义思想的重要组成部分，是新时代坚持和发展中国特色社会主义的基本方略，也是推进教育综合改革、实现学校高质量发展的行动指南。新发展理念为激发学校办学活力、提升学校育人水平提供了强大的思想引领和实践支撑。

创新发展是办学活力的核心驱动力。在学校办学过程中，创新体现在多个方面。例如，教学方法的创新能够打破传统教学的僵化模式，激发学生的学习兴趣和主动性。比如采用项目式学习法，让学生通过实际项目的参与，提高解决实际问题的能力，这就是一种教学方法的创新。这种创新不仅改变了学生的学习状态，从熵的角度来看，也是一种熵减过程，使学生的学习从无序变得有序。学校管理方面的创新同样重要。创新的管理模式能够提高决策效率，优化资源配置。例如，引入信息化管理系统，实现学校管理的数字化、智能化，这有助于减少管理中的无序现象，提高管理的精准性和有效性。创新发展理念在学校中的贯彻实施，能够不断地为学校注入新的活力，打破组织惰性，促进学校从传统教育模式向现代教育模式转型。

协调发展是办学活力的实践方式。办学活力的产生需要秉持协调发展的理念，协调学校内部各要素之间的关系。自组织理论强调系统内部要素之间的协同作用，在学校中，教学、研发、管理等部门之间应形成有机的整体。教学部门与研发部门相互促进，管理部门服务于教学部门与研发部门。不同学科之间打破学科壁垒，促进学科交叉融合，人文社科的批判性思维与理工科的逻辑思维相互碰撞，为解决复杂的社会问题提供多元视角，进而提升学校整体的办学活力。

绿色发展是办学活力的持久保障。绿色发展理念在学校办学过程中

有着独特的内涵。它不仅仅是指校园环境的绿色生态，更重要的是营造一种健康的教育氛围。学校要倡导积极向上、充满正能量的校园文化，抵制不良文化的侵蚀。这种校园文化能够影响师生的价值观和行为方式，使他们在一种积极的氛围中工作和学习。同时，还能够提高师生的凝聚力和归属感，使他们更积极地投入教育教学活动中，从而为办学活力的激发提供有力的支持。学校在资源的利用上要注重高效和节约，避免资源的浪费。无论是人力资源、物力资源还是财力资源，都要合理配置。在师资队伍建设方面，为教师提供可持续发展的职业成长路径，避免人才流失，营造健康积极的教师发展生态。在学生培养方面，注重学生的身心健康和全面发展，关注学生的长远发展潜力，而不是单纯追求短期的成绩提升，这样才能为办学活力的持续提升奠定坚实的人力基础。从熵的角度来看，绿色发展理念有助于减少学校内部的负面因素，如消极情绪、不良竞争等。

开放发展是办学活力的能量源泉。一方面，学校要加强学校与家长、学校与学校、学校与社会组织的专业往来，形成多元合作关系，获取更多的教育资源和信息，拓宽育人场域，促进自身的发展。另一方面，也要以开放包容的态度对待创新过程中的新事物以及可能的失败。自组织系统在进化过程中会经历不断的试错。在学校办学过程中，无论是教学改革还是科研探索，都不应因害怕失败而故步自封。从创新发展理念出发，要鼓励教师和学生勇于尝试新的教学方法、研究方向。对于失败的尝试，应进行深入的分析总结，将其视为提升办学活力过程中的宝贵经验，这种包容失败的文化氛围将激发全体师生的创新热情，成为办学活力持续增长的内生动力。从熵的角度来看，这是一个不断从外界获取负熵，降低学校内部熵值的过程，能够有效地激发办学活力。

成果共享是办学活力的价值取向。共享发展理念要求学校形成资源共享、成果共享的良好氛围。自组织理论中的信息共享是系统自组织进化的重要推动因素。在学校内部，应建立相应的制度、机制和平台，促进信息、资源、知识、成果的共享，推动个人文化资本转化为集体文化资本，把个人经验、群体智慧以及学校发展成就密切关联起来，学校的公共资源最大限度地为所有师生享有，每个学校成员在学校中也能够获益。例如，优秀教师的教案、教学视频可以通过校内网络平台供其他教师学习借鉴；不同团队也要围绕数据、工具、经验等加强沟通，提高资源的利用率，加速专业知识流动。同时，学校与社会之间也应实现共享，建立利益相关网络。比如学校教育资源（如图书馆、实验室、运动场地等）可以在一定条件下向社会开放，社会的文化、实践资源也将为学校的人才培养提供丰富的素材，这种双向的共享能够为学校办学活力的激发注入源源不断的外部动力。

新发展理念不仅为中小学办学活力的激发提供了理论指导和行动指南，更为学校的长远发展注入了强大的动力。通过创新发展、协调发展、绿色发展、开放发展、成果共享理念的深入实践，学校能够不断提升自身的办学水平和教育质量，为学生的全面发展创造更加优越的条件。同时，新发展理念也要求学校不断加强与社会各界的联系和合作，共同推动教育事业的繁荣发展。在新发展理念的引领下，中小学能够持续探索和实践，不断优化教育资源配置，提升教育质量，培养出更多具备创新精神和实践能力的学生，为社会输送更多优秀人才，为国家的繁荣富强作出更大的贡献。

第三章

中小学办学活力的内涵表征

在当前教育改革不断深化的背景下，中小学办学活力的提升已成为推动教育高质量发展的关键所在，同时也是学校治理体系和治理能力现代化的重要内容。然而，尽管办学活力的重要性被广泛认可，但对于中小学办学活力的内涵表征尚缺乏系统、全面的梳理与提炼。虽然一些学者已试图对中小学办学活力进行阐述，甚至提取了指标或要素，但是在完整性、发展性以及方向性等方面仍存在深入研究的空间。特别是现有文献成果更多的是从教育学视角出发，凸显了学校的育人功能，相对忽视了办学活力作为组织发展状态的管理学意蕴，管理学所关注的发展战略与环境适应性、资源配置结构与运行机制、权责分配方式与发展动力等未能得到很好的重视，然而这些因素恰恰是支撑学校课程教学等专业事务持续发展的基础。可以说，好的学校管理（或治理）是好的课程教学以及好的教育质量的前提和基础，只有管理得当，课程教学才能更加有效，学生才能获得可持续发展能力。因此，需要更加侧重管理学视角下办学活力内涵表征的研究。

第一节　中小学办学活力内涵要素的多元观点

“活力”一词在不同语境下内涵丰富。从生物学角度来看，活力与生命现象紧密相连，是生物体维持生命活动、生长、繁殖等能力的体现。正如李红恩在其研究中指出，生物体的活力可通过细胞代谢水平等生理指标来衡量，代谢旺盛的生物体能够快速适应环境变化，展现积极生命体征。[①] 在社会学领域，活力用于描述社会群体、社区或组织的积极状

---

① 李红恩．中小学办学活力不足的原因分析与对策研究［J］．教育科学研究，2022（2）：40–45.

态。刘希娅认为，一个充满活力的社区或组织表现为，成员积极参与社会事务、创新社会文化并推动社会发展，成员间互动频繁，社区或组织文化丰富多彩且能积极应对各种挑战。①

具体到中小学领域，对于办学活力包含哪些要素，不同研究者分别进行了提炼和阐述，呈现出视角多元化的特征。近五年以来，要素提炼主要体现在以下几个方面：

人际作用说。有些学者将学校活力视为校园气氛的反映，如张歆提出，校园活力体现在师生之间积极的相互作用，这种相互作用并非单纯沟通，而是包含鼓励、支持与配合，在充满活力的校园中，师生能感受到蓬勃生机。②同时，校园生机也与学校的教育、教学活动相结合。宰梦欣从组织行为学观点出发，认为学校作为有生命力的组织，其活力与成员行为、态度密切相关。组织成员的动机以及团队协作是影响组织有效性的重要因素。③在学校组织中，教师作为关键成员，其工作动机、对教育事业的热忱以及教学中的团队合作精神直接关系到学校活力。当教师充满工作激情，主动探究新教育方式并乐于交流时，学校会呈现良性组织行为，这也是校园活力的表现。

教学创新说。徐根泉指出，校园活力体现为教学活动的多元化与创新。④教师教学方式的灵活性以及对不同类型学生的适应性、课程内容是否充实并能引起学生兴趣等都是衡量校园活力的因素，一成不变、缺乏新意的教育活动难以使学校具有生命力。同时，学校活力也通过对教师专业成长的支撑来体现，教师在教育教学中至关重要。正如李红恩所强调的，富有生机的学校注重师资专业化成长，提供师资培训和教研平台

---

① 刘希娅．办一所没有铃声的学校——学习方式变革视角下的中小学办学活力激发［J］．人民教育，2022（1）：54–56.

② 张歆．深化“放管服”改革，激发中小学办学活力——基于上海教育“管办评”分离改革经验［J］．上海教育科研，2021（9）：44–49.

③ 宰梦欣．教师活力：新时代激发办学活力的关键话题［J］．进展：教学与科研，2023（4）：65–66.

④ 徐根泉．提炼学校精神　催生办学活力［J］．启迪与智慧［成人版（上）］，2021（9）：104–105.

以激励教师提高教学水平，从而使教师更具激情，更具创造力和活力。[①]此外，在教育信息化进程中，学校活力与信息化运用紧密相关。在当今社会背景下，正如李睿和计祝保提及的，学校能否有效运用信息技术创新教育教学方式，例如开展在线教学、运用大数据进行个性化学习分析，也是衡量学校活力的重要指标。[②]

育人目标说。“以人为本”的办学宗旨赋予学校活力新内涵。学校拥有活力意味着要为学生全面发展创造有利条件与环境。根据叶存洪的思想，学校应为学生提供充足的教学资源，如高质量的教学材料和先进的教学设施，创造良好的学习环境以激发学生对知识的主动探究，发展其创造性思维和动手能力。[③]充满活力的学校会举办各类社团活动、课外实践活动，激发学生兴趣，挖掘潜能，使学生在校园中得到综合训练并健康成长。从教育教学角度来看，学生作为学习主体，其活力主要表现在对知识的渴求、求知欲和探究欲等方面。祝波等依据认知发展理论提出，学生不是被动接受知识，而是积极思考、提出问题并寻找解决方案[④]。课堂上积极提问、参与讨论，课余参与课外阅读和学科竞赛的学生就展现出较高的活力。教师的活力主要表现为积极投身教育教学工作，探索与学生特点相适应的教学方式并改革教学内容。余柯等强调教师应重视学生整体发展，有强烈教育责任心的教师会针对学生的特征和需求制订个性化教学计划，通过项目式学习、小组合作学习等创新教学方式激发学生的学习兴趣和潜力[⑤]。现代教育研究对学校活力的界定越发关注教育活动中各主体的参与与交互。赵新亮和张志勇进一步指出，学校已成为多元主体的教育共同体，教师、学生、家长、社会等多方面都是影响学校

---

① 李红恩. 释放、增强每一所学校的生机与活力——解读《关于进一步激发中小学办学活力的若干意见》[J]. 人民教育，2020（19）：13–16.

② 李睿，计祝保. 中小学释放办学活力的困境与实践路径选择——以Q市为例［J］. 现代教育，2022（4）：21–24.

③ 叶存洪. 激发中小学办学活力的外部措施［J］. 江西教育，2021（28）：43.

④ 祝波，王晨园，林琳. 激发中小学办学活力的幸福课程体系构建——以成都市双流区实验小学“357”幸福课程体系为例［J］. 教育科学论坛，2022（5）：70–73.

⑤ 余柯，周恋，赖斯捷. 以活力促发展——激发中小学办学活力的思考与实践［J］. 湖南教育（A版），2022（7）：26.

活力的重要因素。[①]其中，家长对学校管理、教学等方面的投入能够促进学校发展，通过密切关系为学生创造更多社会实践机会。

系统协同说。系统理论将学校看作复合体系，学校活力是一种动态平衡状态。如黄积才所述，教育体制包含教学、管理和后勤保障等多个子系统，各子系统相互依赖、相互影响。[②]学校活力依赖于各子系统协同运转，并与外界环境高效进行物质、能量和信息交流。教育系统依据社会需求适时调整，管理系统有效辅助教学，后勤保障体系确保学校正常运行时，学校体系就会保持旺盛的生命力。在学校管理方面，学校管理者的活力体现在积极规划学校发展战略、主动应对管理挑战、创造性地构建学校管理体系。朱益明[③]和朱爱国[④]从领导理论出发，认为活力体现在管理者能够充分调动教师、学生和其他工作人员的积极性，营造和谐、有序、充满创新氛围的校园环境。积极引入先进的管理理念，建立公平、公正、透明评价机制，鼓励师生参与学校管理事务。学校中的其他工作人员，如后勤人员等，其活力体现在积极主动为教育教学提供优质服务保障，以积极态度对待工作，及时解决学校运行中的问题，确保各项工作顺利开展。从学术上系统阐述办学活力指标体系的学者是黄小磊和邓有超[⑤]，他们得出评价学校活力的 4 个维度（胜任力、自主性、开放度、认同感）及其包含的 12 个指标，初步形成评价学校活力的指标体系，为有关学校活力的研究与判定提供了一个分析框架。

上述成果为进一步研究中小学办学活力内涵表征体系提供了坚实的基础，是构建内涵表征体系的重要依据。之所以要进一步探究中小学办学活力的内涵表征体系，是因为：第一，学理上需要更加全面而精炼的

---

① 赵新亮，张志勇．从11498份学校“收文”情况探析激发办学活力的外部因素［J］．中小学管理，2022（5）：41–44.

② 黄积才．如何激发办学活力［J］．教育（周刊），2020（1）：123–124.

③ 朱益明．激发中小学办学活力的意蕴、要求和表现［J］．北京教育（普教版），2021（4）：30–34.

④ 朱爱国．从源头上激发中小学办学活力［J］．湖北教育（政务宣传），2020（11）：1–2.

⑤ 黄晓磊，邓友超．学校活力评价指标体系构建——基于德尔菲法的调查分析［J］．教育学报，2017，13（1）：23–31.

表达，阐释办学活力包括哪些要素，以及这些要素之间的关系是什么。第二，实践上需要具有可操作性的要点陈述，学校不仅知道要达到什么结果，也要知道为了提升活力可以在哪些方面有所行动。第三，办学活力是外部因素通过内部机制发挥减熵作用的状态，因此必须将内外因素结合作为办学活力内涵表征的重要因素，体现学校对于社会发展、教育政策的积极适应性。

第二节　中小学办学活力内涵表征的研究过程

为了更好地将教育政策导向、教育综合改革趋势、学术研究共识以及学校实践特点融合体现在中小学办学活力内涵表征体系中，采用“建立基础框架—进行多轮德尔菲咨询—形成指标体系”的思路进行了相关研究。

一、建立基本内涵表征结构框架

首先，从办学活力的内涵来看，积极性、主动性、创造性是活力的最突出特征，这也是区别办学活力与其他常规办学行为的关键指标，因此应作为确定表征指标的核心依据。其次，办学活力是学校发展的整体状态，因此，需要具有从理念到行为再到结果的完整体现，而不能仅仅体现在行为上或结果上。同时，办学活力至少涉及学校、教师、学生三个主体，因此指标应能够同时或者分别落实在三个主体或者其中之一上。结合学校管理理论基础以及实践调研，初步制定办学活力内涵表征框架，如图 3–1 所示。

其中价值系统表明，学校在承担社会发展使命与担当中不断找到新的发展方向，并以新的发展方向作为优化调整办学行为的目标。表征系统力求体现主动、积极、创新的活力特征。支持系统是有活力学校必不可少的条件，直接关系着能否激发学校的办学活力。成效系统反映学校运行效率与师生全面发展成就，没有成效意味着学校未能获得最基本的生存能力，更不具有持续发展的能力，也就不能说是有活力的。

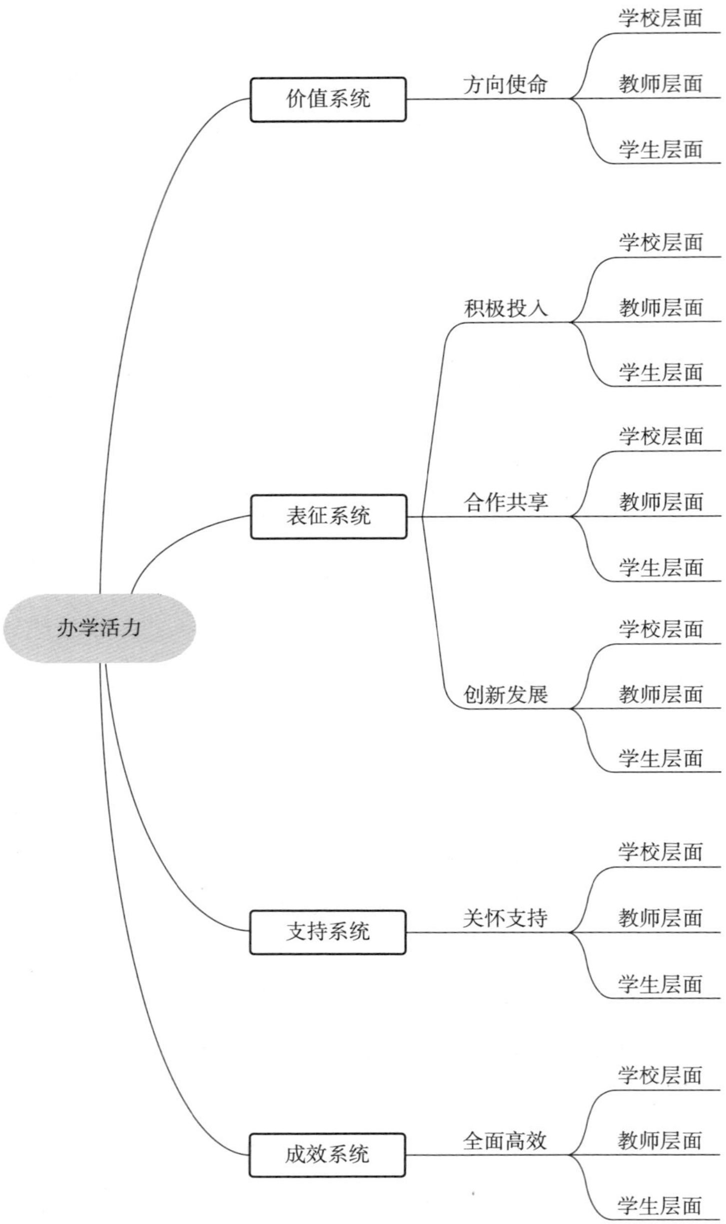

图 3-1　办学活力内涵表征初步框架

在此框架下选择相应的指标和描述，并进行专家咨询。经过讨论，专家提出如下修改建议：①价值系统中“方向使命”的具体指标应紧扣教育方针，体现教育属性；②“积极投入”不容易被准确表征，可以改为“自主行动”；③支持系统本身不是活力的表征，而是促进活力产生的条件，可以去掉；④成效系统既要体现办学成就，也要更加突出成效中能够促进师生以及学校持续发展的因素，而不是一般性的发展成果；⑤每个指标都被刻意分为学校、教师、学生三个层面进行阐述，并且追求三个层面的条目数量一致，导致指标效率不高，可以将其进行合并，先寻找共性指标，不能涵盖的再分别提炼。

基于上述讨论，对原有办学活力表征框架进行调整，构建起新的中小学办学活力内涵表征结构。此结构包含五个一级指标，分别为理念共识、自主行动、协同共享、发展创新、成效显著。每个一级指标下又包含若干二级指标。这些指标从不同角度全面地阐述了中小学办学活力的内涵，为深入理解和提升中小学办学活力提供了理论框架。

二、基于德尔菲法的中小学办学内涵表征体系优化

（一）研究工具

本研究以自编的《中小学办学内涵表征体系咨询问卷（第一轮）》和《中小学办学内涵表征体系咨询问卷（第二轮）》为研究工具，这一工具的设计旨在科学、系统地探究中小学办学活力相关问题。专家咨询问卷分为三部分：第一部分是前言，主要介绍本书构建各级指标的用途、问卷填写说明以及表达对各位专家的感谢。第二部分为专家基本信息，包含专家所在单位、任职部门、职称以及职务。第三部分包含客观题与主观题两部分。客观题是初拟的中小学办学活力的内涵表征各级指标，首先是对一级指标的整体评估及修改建议，其次是对二级与三级指标分板块进行评估，并对内容描述部分提出修改建议。每个层级指标的重要性程度按照李克特 5 级评分法划分为最不重要、不重要、一般重要、重要、最重要 5 个等级，分别计 1 分、2 分、3 分、4 分、5 分。主观题位于矩阵量表题之后，便于专家们在对各个指标的“重要性程度”及“是否合理”进行判断的基础上提出相应的改进建议，或对各个指标进行补充

和修改。

（二）专家构成

德尔菲法中专家的选取在很大程度上影响调查结果的质量，所选取的专家需要具有一定的代表性和权威性，专家单位基本情况如表 3-1 所示。本研究第一轮确定的咨询专家共 19 名，其中包括从事教育研究的高校科研部门工作者 6 名，占比 31.6%；具有专业教育知识与相关中小学办学实践经历的学校校长及书记 9 名，占比 47.4%；具备丰富教学管理及中小学办学活力经验的教育行政部门官员 4 名，占比 21.0%。第二轮咨询专家共 11 名，其中包括高校科研部门工作者及教育科学研究院工作者 7 名，占比 63.6%，具有专业教育知识与相关中小学办学实践经历的学校校长及主任 4 名，占比 36.4%。所有咨询专家中，教育工作者占比 100%，而且各位专家都具有一定的中小学办学活力研究或实践经验，他们可以在分析指标的基础上进行专业判断，进而有效支持德尔菲法研究开展。其中具有高级职称的专家 28 名，增强了本研究的专业性及评估质量，建议和决策更具权威性。

表 3-1　专家单位基本情况统计

选项	百分比 / %	人数 / 名
高校科研部门、研究院	43.33	13
教育行政部门	13.33	4
学校	43.33	13
有效填写量	100	30

（三）数据统计分析

在对问卷数据进行统计分析时主要关注两方面结果：

一是专家意见集中度。其中一个指标是均值（M），它反映数据的集中趋势，均值（M）< 3.5 时考虑删除指标，均值（M）≥ 3.5 时根据专家建议修改指标，其他指标参考专家意见经课题组讨论决定取舍或增添。需依据专家咨询问卷中的最高分和最低分，对标准差较大的指标进行单

独分析。另一个指标是满分率（Ki），代表同意者的百分比例，指标的均值越高、满分率越高，意味着专家对该指标的认同度也越高。

二是专家意见协调度。标准差（SD）反映数据相对于平均值的差异程度。标准差越大代表专家意见的分歧越大，对指标判断的差距越大。差异系数（CV）为标准差与均值的比值，差异系数说明第 mj 个专家对第 j 个指标的协调程度，表示数据的离散程度，代表专家对指标判断的差异程度，即专家意见的协调程度。衡量总体取值波动程度的量，CV 的数值越小说明专家对问题的意见趋同具有稳定性。当 SD<0.7、CV<0.25 时，则认为专家对该指标的一致性程度以及认同度、协调度较高。

第一轮德尔菲法调查结果如表 3-2、表 3-3 所示。

表 3-2　第一轮咨询专家意见集中程度统计

指标	均值（M）	满分率（Ki）/ %
一级指标	4.5～5	58.3～91.7
二级指标	4.11～5	47.4～100

表 3-3　第一轮咨询专家意见协调程度统计

指标	标准差（SD）	差异系数（CV）
一级指标	0.29～0.66	0.06～0.15
二级指标	0～1.27	0～0.31

一级指标的均值与满分率较高，最高值达到 91.7%，最低值为 58.3%，说明一级指标的重要程度更高，且专家意见比较集中；二级指标的均值在 4.11～5 浮动，满分率在 47.4%～100% 浮动，表明二级指标的满分率有一定差异，反映出指标间的重要性程度存在差异。

一级指标的标准差范围为 0.29～0.66，均小于 0.7，表明专家对一级指标判断的差异程度较小；二级指标的标准差范围为 0～1.27，表明专家意见不协调程度略大于一级指标，对个别指标的意见存在一定分歧。一级指标的差异系数均不超过 0.2，在一致性程度范围内，表明专家对一级指标判断的差异程度较小，一致性较高，协调程度较高；二级指标的差异系数范围为0~0.31，整体良好，但存在部分指标数值大于0.25，专家协调程度和认同度差异过大的情况，需要后续讨论和研究进行完善。

在根据专家建议调整后进行了第二轮问卷咨询，结果显示（如表3-4和表3-5所示），一级指标的均值与满分率较高，最高值达到100%，最低值为63.6%，说明一级指标的重要程度较高，且专家意见比较集中；二级指标的均值在3.82~4.91浮动，满分率在27.3%~90.9%浮动，表明二级指标的满分率差距更大一些，一致性程度不如一级指标，说明指标间的重要性程度差异较大。

表3-4 第二轮咨询专家意见集中程度统计

指标	均值（M）	满分率（Ki）/%
一级指标	4.45~5	63.6~100
二级指标	3.82~4.91	27.3~90.9

表3-5 第二轮咨询专家意见协调程度统计

指标	标准差（SD）	差异系数（CV）
一级指标	0~0.78	0~0.17
二级指标	0.29~1.03	0.06~0.27

一级指标的标准差范围为0~0.78，均小于0.8，表明专家对一级指标判断的差异程度较小；二级指标的标准差范围为0.29~1.03，表明专家意见不协调程度大于一级指标，对个别指标的意见存在一定分歧。一级指标的差异系数均不超过0.2，在一致性程度范围内，表明专家对一级指标判断的差异程度较小，一致性较高，协调程度较高；二级指标的差异系数范围为0.06~0.27，总体良好，但存在个别指标数值大于0.25，专家协调程度和认同度差异较大的情况，仍需进一步讨论和研究进行完善。

从整体来看，除一个指标，其他所有指标均通过统计学意义上的检验，并且第二轮指标体系经过调整修改，在数据上具有更好的表现，说明该指标体系获得了专家比较一致的认同，具有较好的科学性和合理性，能够体现中小学办学活力的内涵表征。对于存在争议的指标，进一步对其进行讨论和修改，最终获得了专家的认同。

第三节　中小学办学活力的内涵表征体系

通过研究，最终得到中小学办学活力的内涵表征体系。

一、理念共识

理念共识是中小学办学活力的思想基础和价值引领部分，它体现了学校全体成员在办学方向、育人目标等方面的共同认知和价值取向。

党建引领是理念共识中的核心政治导向。坚持和加强党对学校教育的全面领导，深入推进党组织领导的校长负责制，为其他理念的贯彻实施提供政治保障。只有在党的正确领导下，学校才能确保办学方向的正确性，使全面育人、多元包容等理念沿着符合国家教育战略和社会需求的方向发展。

全面育人是理念共识中的教育目标导向。在党建引领的大框架下，落实立德树人的根本任务，坚持五育并举，促进五育融合，以素养为导向开展育人活动，这是学校教育的核心任务。它体现了教育的本质是培养全面发展的人，也是其他理念（如使命担当、文化凝聚等）在育人实践中的具体体现。

多元包容是理念共识中的文化氛围营造。在正确的办学方向下，允许多元化观点与实践探索并提供容错空间，是为了在全面育人的过程中鼓励创新和个性发展。这一理念与全面育人相互补充，有助于在统一的办学方向下激发师生的创造力，丰富学校的教育内涵。

使命担当是理念共识中的动力源泉。全员拥有较强的使命感，涵盖个人发展、集体发展、社会发展、国家发展以及人与自然和谐发展等多个方面，为全面育人、多元包容等理念的实现提供内在动力。当师生都明确自身的使命时，会更加积极主动地参与到学校的教育教学活动中，推动学校朝着更好的方向发展。

文化凝聚是理念共识中的精神纽带。鲜明的学校文化和明确的办学理念在师生日常行为中得到充分体现，是在党建引领、全面育人等理念长期作用下形成的结果。它又反过来强化了学校成员对其他理念的认同感和执行力，使学校全体成员团结一心，共同为实现办学目标而努力。

二、自主行动

自主行动是中小学办学活力在学校管理和师生行为自主性方面的体现，它反映了学校和师生在办学过程中积极主动发挥主观能动性的能力。

战略规划是自主行动中的顶层设计。通过科学分析确定学校发展的阶段目标、任务和路径，为其他自主行动（如政策内化、民主决策等）提供了方向指引。学校的各项自主行动都应围绕战略规划展开，以确保学校发展的连贯性和一致性。

政策内化是自主行动中的适应性体现。在战略规划的框架下，正确理解与适应教育改革趋势，形成校本化途径，是学校自主应对教育政策变化的重要方式。它是实现战略规划的必要手段，同时也为民主决策等提供了政策依据。

民主决策是自主行动中的治理机制。完善的决策体系和议事规则，为师生参与学校事务决策提供了平台。这一机制保障了战略规划和政策内化等决策的科学性和民主性，也体现了师生在学校管理中的自主性。

流程优化是自主行动中的管理效能体现。以服务教育教学为中心的内部管理流程优化，注重智能化管理和快速响应，是为了更好地执行战略规划并将政策内化，提高学校的运行效率，同时也为师生的自主行动提供了良好的管理环境。

权力赋予是自主行动中的个体自主性保障。给予师生自我决策的空间，让教师享有教学自主权，学生能参与高自主性课程活动，这是民主决策的具体体现，也是激发师生积极性和创造力的重要举措，与战略规划中的育人目标相契合。

教育热忱是自主行动中的主观动力源泉。教师对教育教学工作的热爱以及对专业发展的追求，是推动学校自主行动的内在力量。有了教育热忱，教师会更积极地参与战略规划、政策内化等工作，也会更好地利用权力赋予的空间，提高教育教学质量。

三、协同共享

协同共享是中小学办学活力在资源整合、人际合作与对外辐射等方面的体现，它强调学校内部以及学校与外部之间的合作与资源流通。

资源整合是协同共享的资源基础。整合课内课后、校内校外多种教育资源并使其结构化，是实现育人目标的资源保障。它为团队协同、分享交流等活动提供了物质和信息基础，是协同共享的起点。

辐射带动是协同共享中的对外影响力体现。学校为社区、村镇、他校等提供专业支持或资源支持，促进共同发展，这是学校在资源整合和自身发展基础上的社会责任体现。它提升了学校的社会形象，也为学校获取更多外部资源和支持创造了条件。

团队协同是协同共享中的内部合作机制。通过统一规划与自发组团建立不同主题的团队，以灵活应对发展目标和任务，这是实现资源整合和提高学校教育教学效率的有效方式。团队协同离不开资源整合提供的资源支持，同时也为分享交流、合作学习等活动提供了组织框架。

分享交流是协同共享中的知识传播机制。教师和学生在团队内部和跨团队的知识与经验交流平台上进行分享交流，这是团队协同的延伸和深化。它有助于资源的进一步整合和优化，促进学校整体知识水平的提升。

合作学习是协同共享中的学生能力培养重点。学生具备合作学习能力并有效开展合作学习，是团队协同和分享交流在学生学习中的体现。它有助于提高学生的综合素质，也是实现育人目标的重要途径。

家校共育是协同共享中的家校合作体现。建立健全家校合作机制，共同关心和支持学生成长，是学校整合家庭资源的重要方式。家校共育与资源整合、团队协同等相互配合，共同为学生的全面发展创造良好环境。

四、发展创新

发展创新是中小学办学活力在教育教学方法改进、研究探索以及对新技术应用等方面的体现，它反映了学校和师生不断追求进步和适应时代发展的能力。

育人特色是发展创新在教育教学整体设计方面的独特体现。在课程教学和全面育人策略上的独特安排，是学校发展创新的核心竞争力之一。它是在持续优化、教育研究等创新活动的基础上形成的，同时也为激励引导等提供了具体的创新实践对象。

持续优化是发展创新中的动态改进机制。学校、教师和学生不断发现实践中的改进点和发展点并进行“微创新”，是推动学校教育教学不断发展的内在动力。持续优化与育人特色相互促进，不断提升学校的教育教学质量。

教育研究是发展创新中的理论探索支持。积极开展教育研究活动，培养研究型教师，为育人特色的形成、持续优化等提供理论依据和实践指导。教育研究成果的可迁移性也有助于学校整体创新能力的提升。

激励引导是发展创新中的制度保障。学校在资源等方面对师生创新探索给予支持，设置鼓励和引导制度，注重反馈调节，这为育人特色、持续优化和教育研究等创新活动提供了政策和资源保障，激发了师生的创新积极性。

技术赋能是发展创新中的技术应用体现。鼓励使用新技术、新工具建设数字校园和智慧校园，助力教育教学和管理质量提升，是学校适应时代发展的必然要求。技术赋能为育人特色、持续优化等提供了技术手段，推动了学校教育教学的创新发展。

前沿关注是发展创新中的方向把握。学校课程、教学或管理方式能够体现社会、科技、政策发展新动态，为育人特色、持续优化等创新活动提供方向指引，确保学校的发展创新与时代发展相契合。

五、成效显著

成效显著是中小学办学活力在教育教学成果、社会评价以及师生主观感受等方面的体现，它反映了学校办学的最终成果和社会认可度，也体现出学校、教师、学生持续发展的能力。

成果丰富是成效显著中的教育教学成果体现。不断涌现有影响力的教育教学典型案例或经验，是学校办学活力在教育教学实践中的直接成果体现。它是发展创新、协同共享等多方面努力的结果，也是社会满意、教师认同和学生获得的重要基础。

社会满意是成效显著中的外部评价指标。家长、社会对学校的认可度和满意度持续上升或保持高位，是学校办学成果得到家长、社会认可的表现。这一评价与成果丰富、教师认同和学生获得等密切相关，社会满意会进一步促进学校的发展。

教师认同是成效显著中的教师主观感受。教师具有较高的职业认同感和幸福感，这是学校良好的办学环境、发展机会以及成果丰硕等多种因素共同作用的结果。教师认同会促使教师更加积极地投入教育教学工作中，进一步提升学校的办学活力。

学生获得是成效显著中的学生发展成果。学生健康自信、全面发展且获得感高，是学校办学的根本目标。它是学校在理念共识、自主行动、协同共享和发展创新等多方面努力的最终体现，也是衡量学校办学活力的重要标准。

中小学办学活力的内涵表征体系如表 3-6 所示。

表 3-6　中小学办学活力的内涵表征体系

一级指标	二级指标	内容
理念共识	党建引领	坚持和加强党对学校教育的全面领导，深入推进党组织领导的校长负责制
	全面育人	落实立德树人的根本任务，坚持五育并举，促进五育融合，以素养为导向开展育人活动

续表

一级指标	二级指标	内容
理念共识	多元包容	坚持正确办学方向，办学治校允许多元化观点与实践探索，为师生提供一定的容错空间
	使命担当	全员拥有较强的使命感，将促进个人发展、集体发展、社会发展、国家发展以及人与自然和谐发展作为义不容辞的责任
	文化凝聚	学校文化鲜明，办学理念明确，共识度高，体现于师生日常行为之中
自主行动	战略规划	通过科学分析明确学校发展的阶段目标、任务和路径，并逐层形成具体落实行动方案
	政策内化	正确理解与适应教育改革趋势，能够迅速有效地形成落实最新教育政策的校本化途径
	民主决策	学校决策体系和议事规则系统完善，师生有多种渠道参与学校不同层级事务的决策，民主程度高
	流程优化	学校的内部管理以服务教育教学为中心，注重智能化管理，流程响应速度快，便于操作
	权力赋予	师生具有自我决策的空间，教师享有充分的教学自主权，学生能够参与高自主性课程活动
	教育热忱	教师热爱教育教学工作，积极追求专业的不断精进和突破
协同共享	资源整合	形成课内课后、校内校外多种教育资源整合与共享机制，把点状资源结构化，共同支撑育人目标的实现
	辐射带动	能够为社区、村镇、他校等提供专业支持或资源支持，促进共同发展
	团队协同	统一规划与自发组团相结合，以建立不同主题的工作和学习团队的方式灵活面对不同发展目标和任务
	分享交流	在常态化运行保障机制下，教师、学生在团队内部以及超越组织团队的知识与经验交流平台进行分享交流
	合作学习	学生具备合作学习的能力，能够有效开展高质量的合作学习
	家校共育	建立健全家校合作机制，科学制定家校合作的目标、内容、机制，共同关心和支持学生的成长
发展创新	育人特色	在课程教学以及全面育人的整体设计与实施策略方面具有符合学校实际特点的独特安排
	持续优化	学校、教师、学生能够不断发现实践中的改进点、发展点，并尝试通过改革或微创新等方式达到预期效果

续表

一级指标	二级指标	内容
发展创新	教育研究	积极开展多种形式的教育研究活动，培养一批研究型教师，在实践探究中体现科学性、严谨性，成果具有可迁移性
	激励引导	学校在时间、空间、资源等方面对师生创新探索予以支持，设置系列化制度对创新探索进行鼓励和引导，注重反馈调节
	技术赋能	鼓励使用新技术、新工具，进行数字校园、智慧校园建设，助力教育教学及管理质量提升
	前沿关注	学校课程、教学或管理能够体现社会、科技、政策发展新动态
成效显著	成果丰富	不断涌现有影响力的教育教学典型案例或经验
	社会满意	家长、社会对学校的认可度和满意度持续上升或保持高位
	教师认同	教师具有较高的职业认同感和幸福感
	学生获得	学生健康自信，全面发展，获得感高

第四章

中小学办学活力的进阶评价

第一节　第四代教育评价理论与学校发展性评价

在充分激发中小学办学活力的过程中，需要适当的评价介入，以更有效进行现状检视，进而为把握下一步行动方向提供决策依据。

一、第四代教育评价理论

教育评价的理论发展大致经历了测量时代、描述时代、判断时代与建构时代四大阶段。1989 年，库巴和林肯在反思、批判传统评价理论的基础上，提出了“第四代评价理论”。库巴和林肯认为，前三代评价理论的不足之处在于：一是评价的“管理主义倾向”（atendency toward managerialism）太浓，把评价对象及其他一切有关的人都排除在外，不予考虑，致使评价工作不够全面、深入；二是“忽视价值的多元化”（failure to accommodate value-pluralism），将评价者的评价观作为评价的唯一标准，没有考虑评价中其他人的价值观念；三是过分强调“科学实证主义”的方法（overcommitment to the scientific paradigm of inquiry），在评价的方法上忽视了质性等其他评价方法的运用。[①]

第四代评价理论植根于建构主义认识论，其哲学基础颠覆了传统客观主义认知范式。该理论认为，社会现实并非独立于认知主体存在的绝对客观实体，而是主体在与客体交互过程中形成的心理建构产物。基于此认知逻辑，评价活动本质上并非价值中立的客观流程，而是评价主体与客体通过持续互动共同建构认知图式的社会化过程。在此过程中，测量工具的应用、现象描述及价值判断均受参与者价值观体系的深度影响。

① EGON G GUBA，YVONNA S LINCOLN．Fourth generation evaluation［M］．Newbury Park，California：Sage Publications，1989：148-162.

在多元价值共存的现代社会，评价实践必须建立包容性协商机制，通过系统收集多元利益相关者的认知建构，运用专业化协调技术消解价值分歧，最终导向具有广泛接受度的共识性结论。具体来说，第四代评价理论有以下三大特点。

本质属性，即价值协商的认知建构。第四代评价理论颠覆了传统评价的客观性假设，将评价本质界定为多方参与者共同建构意义的社会化过程。评价结果并非对客体固有属性的镜像反映，而是利益相关者在特定情境下通过价值对话形成的阶段性共识。评价者需秉持价值多元原则，系统整合不同群体的认知框架，通过迭代协商弥合价值标准差异，最终形成具有社会效度的共识性判断。这种认知建构过程强调从“真理发现”向“意义协商”的范式转换。

主体结构，即全主体参与的治理模式。第四代评价理论突破前三代评价的精英主义局限，构建包容性主体参与框架。评价主体范畴从专业评估者拓展至所有利益相关群体，包括传统意义上的被评价对象。这种主体泛化重构了评价活动的权力结构，使教育管理者、教师、学生、家长等多元主体均能实质参与评价过程，确保不同利益诉求在评价系统中获得平等表达机会。

操作范式，即情境化协商的建构路径。第四代评价理论创立“响应—对话—共识”的循环方法论，与传统的控制型评价理论形成鲜明对比。评价实施强调在自然情境中展开持续性对话协商，而非依赖标准化测量工具进行价值裁决。评价者角色从“技术专家”转变为“协商促进者”，通过组织多轮利益相关者对话，引导各方在充分论辩中逐步建构共同认知。这种方法论转向消解了传统评价中“评价者—被评者”的对立关系，建立起协作共建的新型评价生态。

第四代评价理论为学校办学活力评估体系建构提供了方法论基石。其价值协商机制可有效破解传统评估中主体缺位、价值冲突等实践困境，通过建立多元参与的协商平台，使办学活力评估既反映教育规律的本质要求，又契合利益相关者的实际诉求，为教育治理现代化提供理论支撑与实践路径。

二、学校发展性评价

第四代评价观影响教育评价领域，催生了发展性教育评价。“发展性教育评价”思想是一种以“建构主义”哲学观为基础的评价理论，最早是由英国开放大学教育学院的纳托尔（Latoner）和克里夫特（Crift）于20世纪80年代初提出的，是一种以教育的发展为评价对象，又以教育的发展为目标的评价[①]，其基本特点在于以“协商”为基础，评价者与评价对象共同建构评价过程，为发展而评价，以评价促发展[②]。学校发展性评价就是指评价主体以促进学校良好发展为目的而对学校的发展所进行的评价。发展性教育评价思想的提出，使学校评价的价值取向发生了较大的转变。

评价目的的未来性。学校发展性评价的目的逐渐从侧重鉴别和选拔转向侧重发展。这意味着评价不再仅仅是对学校当前表现的一种静态评估，而是更加关注学校未来的发展潜力和进步空间。评价者重视学校在现有基础上的成长和提升，而不仅仅关注其是否达到了预设的标准。这种转变体现了教育评价理念的进步，即评价应服务于学校的发展，而不是仅仅作为奖惩的依据。

评价内容的全面性。在评价内容上，学校发展性评价注重全面性和整体性。传统的评价往往只关注学校的升学率、硬件设施、课程建设等单一维度的表现，而忽视了其他潜在的、对学校发展有重要影响的因素。然而，随着教育评价理念的更新，学校发展性评价开始综合考虑学校发展的各个方面，包括学校的价值理念、文化氛围、发展过程等。这种全面性的评价内容有助于更准确地反映学校的整体状况，为学校未来的发展提供更全面的指导。

评价方式的多样化。在评价方法上，学校发展性评价呈现出多样化的趋势。过去，量化评价曾一度占据主导地位，但近年来，质性评价逐

---

① 刘志军. 走向理解的课程评价：发展性课程评价理论探索［M］. 北京：中国社会科学出版社，2004：序.

② 史晓燕. 发展性教育评价的理论与实践［M］. 石家庄：河北教育出版社，2003：20.

渐受到重视。量化评价注重数据的客观性和准确性，但往往忽视学校生活的丰富性和复杂性。而质性评价则强调研究者的参与和理解，能够更深入地揭示学校发展的内在机制和特点。因此，将量化评价与质性评价相结合，综合运用多样化的评价方法，已成为当前学校评价的重要趋势。

评价主体的多元化。在评价主体上，学校发展性评价强调评价主体的多元性、平等性、参与性和合作性。传统的评价往往由教育行政部门和督导机构自上而下组织实施，学校只能被动接受评价。随着教育民主化的推进，学校内部成员（如校长、教师、学生、家长等）也开始积极参与学校评价，形成了多元化的评价主体格局。这种多元化的评价主体有助于更全面地了解学校的发展状况，为学校的未来发展提供更广泛的意见和建议。

评价指标的个性化与弹性化。在评价指标设计上，学校发展性评价注重个性化和弹性化。传统的评价往往采用统一的评价标准来衡量不同学校的发展状况，但这种做法往往忽视了学校之间的差异和个性特色。学校发展性评价更加注重根据学校的实际情况和未来发展需求来制定个性化的评价指标。这种个性化的评价指标有助于更准确地反映学校的发展特点和优势，为学校的未来发展提供更具体的指导。

对办学活力的评价遵循发展性教育评价的理念和特点，体现出评价的民主性、多元性、过程性、发展性，以评价为手段，达到建立学校发展共识、挖掘发展潜力的目的。

三、中小学办学活力进阶评价

办学活力本身的外延在不同时期具有不同的表征，同一时期的学校由于其自身基础和机遇的差异性，在活力方面的表现也各有其特点。从发展性评价的视角来看，不适合用一个标准来描述活力状态水平的高低，而是要有一套多指标、高水平的进阶量规帮助每所学校都能找到自己目前的定位，以及下一步可以利用的最近发展区。这样，既保证了评价的公正性和客观性，又兼顾了不同学校的实际情况和发展需求。

（一）进阶评价的特点

在中小学办学活力进阶评价中，“进阶”是指学校从活力基础低阶状态向卓越高阶状态的发展过程。这一过程具有以下四个特点。

第一，渐进性。学校活力进阶是一个渐进的过程，需要学校不断努力、持续改进。学校需要通过系统的评估，发现自身存在的问题和不足，制定切实可行的改进措施，并逐步实现提升。

第二，阶段性。学校活力进阶具有明显的阶段性特征。不同的发展阶段需要设立不同的评价等级和标准，以引导学校逐步实现提升。同时，每个阶段都需要学校进行反思和总结，为下一阶段的发展奠定基础。

第三，整体性。学校活力进阶是一个整体性的过程，需要学校在各个方面实现协调发展。学校需要在教学质量、师资力量、校园文化、学生发展等多个方面同时发力，以实现育人质量等多方面的提升。

第四，可持续性。学校活力进阶是一个可持续的过程，需要学校保持持续的发展动力。学校需要不断寻求改进和创新，以适应外部环境的变化和满足学生的需求，保持学校的活力和竞争力。

（二）进阶评价的原则

在进行进阶评价时需遵循以下四个原则。

第一，阶段性评价原则。学校活力进阶评价强调评价的阶段性，即根据学校的发展阶段和实际情况，设立不同的评价等级和标准。这种评价方式有助于学校明确自身的发展目标和方向，分阶段、有步骤地推进各项工作。

第二，多维度考察原则。学校活力进阶评价从多个维度考察学校的活力表现，包括教学质量、师资力量、校园文化、学生发展等多个方面。这种全方位、多角度的评价方式有助于学校全面了解自身的发展状况，发现存在的问题和不足。

第三，个性化实践原则。学校活力进阶评价鼓励学校根据自身特点和优势，基于指标进行个性化实践。这有助于学校发挥自身特色，形成独特的办学风格和校园文化，提升学校的竞争力。

第四，动态调整原则。学校活力进阶评价强调评价的动态性，即根据学校的发展情况和实际需求，不断调整评价指标和标准。这种灵活的评价方式有助于学校及时适应外部环境的变化，保持活力和竞争力。

总之，对中小学办学活力的进阶评价，有助于学校发现自身在各个方面的优势和不足，从而有针对性地制定改进措施，实现全面发展，不断提升自身的教育教学水平和综合实力；有助于学校主动寻求改进和创新，发挥自身特色优势，形成独特的办学风格和校园文化，提升学校的知名度和影响力；有助于缩小学校之间的差距，提升教育公平性和整体质量。

第二节　中小学办学活力进阶水平描述

在对中小学大量工作文本进行分析以及对实践现状进行调研的基础上，提炼出中小学办学活力各指标五级进阶水平层级描述，为学校提供评价与反思的支架。在此，不能简单评价每个层级好与不好，只能说不同层级之间存在程度递进性，但是对于学校来说，位于任何一个层级都是基于学校内外部基础条件开展办学实践的现实选择，并非所有指标都达到最高层级才是成功。只要在现有层级基础上又迈进了一步，能够很好地实现各指标之间的协同促进，就是在发展。有关中小学办学活力水平进阶的描述如表 4-1 所示。

表 4-1　中小学办学活力水平进阶描述

一级指标	二级指标	进阶水平描述
理念共识	党建引领	1 级：开始重视党建工作，初步建立党组织领导体制机制； 2 级：党建工作深入人心，党组织在学校中发挥重要作用； 3 级：党组织成为学校发展的引领者，推动学校各项事业蓬勃发展； 4 级：党建工作成效显著，成为学校发展的鲜明旗帜； 5 级：党建工作达到新高度，形成独特的党建文化和精神

续表

一级指标	二级指标	进阶水平描述
理念共识	全面育人	1 级：学校开始树立全面育人的理念，初步探索五育并举的育人路径； 2 级：学校在德育、智育、体育、美育、劳育五个方面协调发展，初步形成全面育人的体系； 3 级：学校以素养为导向，全面育人成效显著，学生的综合素质明显提升； 4 级：学校实现五育融合，形成全方位、全过程、全员育人的良好局面，学生的德智体美劳全面发展； 5 级：学校在党建引领下，全面育人工作达到卓越水平，立德树人根本任务全面落实，学生在思想品德和价值观上与社会主义核心价值观高度契合
	多元包容	1 级：开始接纳多元化观点和实践，形成包容性氛围； 2 级：在包容中寻求共识，保持“多样中的和谐”； 3 级：多元化观点和实践得到充分展现，形成独特的学校文化； 4 级：多元包容激发创新活力，推动学校不断向前发展； 5 级：形成开放包容的校园文化，吸引更多优秀元素融入
	使命担当	1 级：开始认识到自身使命，初步拥有使命感； 2 级：积极承担使命，为学校发展贡献力量； 3 级：坚定信念，始终不渝地履行使命； 4 级：师生共同为实现学校使命和梦想而努力； 5 级：使命成为学校发展的强大动力，推动学校不断取得新成就
	文化凝聚	1 级：开始形成学校文化，能够表达和宣传； 2 级：学校文化得到师生的广泛认同，形成共同价值观； 3 级：学校文化成为引领学校发展的精神力量； 4 级：师生自觉践行学校文化，形成独特的文化氛围； 5 级：学校文化不断更新和进步，成为学校发展的坚强支撑
自主行动	战略规划	1 级：初步尝试制定战略规划，但缺乏全面性和系统性； 2 级：形成较为完整的规划体系，但可操作性有限； 3 级：战略规划目标明确，路径清晰，具有可操作性； 4 级：战略规划已经相当成熟，能够全面考虑内外部环境因素，制订出切实可行的战略计划，并在执行过程中进行灵活调整； 5 级：战略规划将学校近、中、远期发展有机结合，对持续发展作出了前瞻性谋划
	政策内化	1 级：初步了解教育政策，但缺乏主动内化的意识； 2 级：开始适应教育政策，尝试形成校本化途径； 3 级：迅速形成落实最新教育政策的校本化途径，并灵活应用； 4 级：在政策内化基础上进行创新实践，推动学校发展； 5 级：教育政策成为学校发展的重要引领和保障

续表

一级指标	二级指标	进阶水平描述
自主行动	民主决策	1级：开始尝试建立民主决策机制，但参与度不高； 2级：师生开始广泛参与学校决策，民主程度提高； 3级：形成系统完善的决策体系和议事规则，决策更加科学合理； 4级：民主决策机制高效运行，推动学校快速发展； 5级：形成共治共享的学校治理格局，师生共同参与学校发展
	流程优化	1级：初步认识到流程烦琐低效的问题，但缺乏改进意识； 2级：开始尝试优化流程，提高管理效率； 3级：注重智能化管理，流程响应速度快，便于操作； 4级：对流程进行全面再造，形成更加高效的管理体系； 5级：流程优化达到卓越水平，成为学校发展的重要支撑
	权力赋予	1级：初步尝试赋予师生权力，但集权现象较为严重； 2级：开始适度放权，为师生提供一定的自我决策空间； 3级：教师享有充分的教学自主权，学生能够参与高自主性课程活动； 4级：形成权责对等的权力赋予机制，激发师生的积极性； 5级：权力赋予与责任担当形成共生关系，推动学校持续发展
	教育热忱	1级：教师根据岗位要求完成教育教学工作； 2级：教师热爱教育教学工作，积极投入其中； 3级：教师不断追求专业精进和突破，提高教育教学水平； 4级：教师在教育教学中展现出独特的匠心和创意； 5级：成为教育领域的佼佼者，对教育事业作出重要贡献
协同共享	资源整合	1级：教育资源零散分布，缺乏整合机制； 2级：开始尝试整合课上课后、校内校外教育资源； 3级：形成资源共享机制，提高资源利用效率； 4级：把点状资源结构化，形成更加完善的资源整合体系； 5级：形成资源生态体系，支撑育人目标的实现
	辐射带动	1级：开始对外产生一定影响，但辐射范围有限； 2级：在区域内产生较大影响，带动周边学校发展； 3级：辐射范围不断扩大，为更多学校提供专业支持或资源支持； 4级：成为示范校或标杆校，引领区域教育发展； 5级：与社区、村镇、他校等形成共同发展格局，推动教育进步
	团队协同	1级：团队之间缺乏协同合作，各自为政； 2级：开始尝试建立协同机制，但协同程度不高； 3级：团队之间形成紧密合作关系，共同面对发展目标和任务； 4级：以主题或项目团队的方式灵活面对不同发展目标和任务，提高协同效率； 5级：形成协同共赢的发展格局，推动学校整体发展

续表

一级指标	二级指标	进阶水平描述
协同共享	分享交流	1 级：教师、学生之间缺乏交流平台和机制； 2 级：开始建立交流平台和机制，但交流频率和质量不高； 3 级：形成常态化的交流机制和平台，促进知识和经验共享； 4 级：交流内容更加深入和广泛，形成高质量的交流成果； 5 级：交流成为智慧碰撞的舞台，激发创新灵感和动力
	合作学习	1 级：学生开始尝试合作学习，但合作效果有限； 2 级：学生能够有效开展合作学习，提高学习效率； 3 级：合作学习达到深度水平，形成高质量的合作学习成果； 4 级：学生能够自主开展合作学习活动，提高自主学习能力； 5 级：在合作学习中不断创新和突破，形成独特的合作学习模式
	家校共育	1 级：家校之间缺乏有效沟通和合作机制； 2 级：开始建立家校合作机制，但合作程度不深； 3 级：家校之间形成紧密合作关系，共同关心和支持学生成长； 4 级：科学制定家校合作的目标、内容、机制，形成科学共育体系； 5 级：家校之间形成和谐共育的良好氛围，共同推动学生全面发展
发展创新	育人特色	1 级：开始尝试形成独特的育人特色，但尚处于探索阶段； 2 级：育人特色初步显现，得到师生和家长的认可； 3 级：育人特色鲜明独特，成为学校的重要标签； 4 级：育人特色在持续创新中不断完善和发展； 5 级：育人特色对周边学校产生积极影响
	持续优化	1 级：开始反思教育实践中的问题，尝试进行改进； 2 级：形成持续改进的机制，能够不断发现改进点； 3 级：从系统层面判断分析，能够综合考虑各方面因素进行整体优化； 4 级：在优化中实现创新突破，产生新的教育成果和经验； 5 级：持续优化推动学校卓越发展，形成独特的办学风格和优势
	教育研究	1 级：开始尝试进行教育研究活动，但研究水平和成果有限； 2 级：在教育研究中积累经验，形成一定的研究成果； 3 级：教育研究达到深入水平，能够挖掘和提炼有价值的教育规律和经验； 4 级：将研究成果转化为教育实践，推动学校发展； 5 级：教育研究成为学校创新发展的重要动力源泉，引领教育行业前行
	激励引导	1 级：开始尝试对师生进行激励引导，但激励效果不明显； 2 级：形成较为完善的激励引导机制，能够较好地激发师生积极性； 3 级：激励引导达到全面水平，能够覆盖学校各个方面和层次； 4 级：在激励引导中推动创新发展，形成新的教育成果和经验； 5 级：激励引导成为学校卓越发展的重要支撑和引领力量

续表

一级指标	二级指标	进阶水平描述
发展创新	技术赋能	1 级：开始尝试引入教育技术，但应用范围较小，深度不够，主要局限于个别课程或管理环节； 2 级：教育技术在学校中得到一定程度的应用，能够辅助部分教学和管理工作，但尚未形成系统化应用； 3 级：教育技术与学校教育教学、管理等方面实现系统整合，形成较为完善的技术应用体系； 4 级：教育技术与学校教育实现深度融合，成为提升教育质量、效率和管理水平的重要手段； 5 级：教育技术成为学校创新发展的重要驱动力，推动学校在教学内容、方法、模式等方面的持续创新
	前沿关注	1 级：学校开始关注社会、科技、政策发展的新动态，但未能深度融入； 2 级：学校开始尝试将部分新动态融入课程、教学或管理中，但融入程度不深，范围有限； 3 级：学校能够系统地关注并对接社会、科技、政策发展的新动态，实现有效融入； 4 级：学校不仅能够紧跟前沿动态，还能主动引领教育教学改革； 5 级：学校成为前沿关注的创新高地，持续推动教育教学领域的创新与发展
成效显著	成果丰富	1 级：学校开始涌现出一些教育教学成果和经验，但数量和影响范围有限； 2 级：学校在教育教学过程中积累了丰富的成果和经验，开始形成特色； 3 级：学校不断涌现出有影响力的教育教学成果和经验； 4 级：学校的成果和经验成为行业内的示范，引领其他学校发展； 5 级：学校在教育教学领域取得卓越成就，成为标杆和典范
	社会满意	1 级：家长和社会对学校开始表现出认可和满意，但尚未形成广泛共识； 2 级：家长和社会对学校的认可度和满意度持续提升； 3 级：家长和社会对学校的认可度和满意度达到高位，形成良好的口碑； 4 级：家长和社会对学校的认可度和满意度持续保持在高位； 5 级：学校获得社会的广泛赞誉和高度评价，成为区域教育品牌
	教师认同	1 级：教师开始对学校产生归属感和认同感； 2 级：教师逐渐融入学校文化，形成职业认同感； 3 级：教师具有较强的职业认同感和幸福感； 4 级：教师不仅认同学校，还积极为学校的发展贡献智慧和力量； 5 级：教师与学校在愿景方面达成共识，全力推动学校发展

续表

一级指标	二级指标	进阶水平描述
成效显著	学生获得	1 级：学生的收获达到课程标准要求； 2 级：学生在学校中实现全面发展，包括学业、素质、心理等方面； 3 级：学生在学校中表现出明显的成长和进步，获得感增强； 4 级：学生自信自立，具备良好的心理素质和社交能力； 5 级：学生在学校中取得卓越发展，不仅在学业上有所建树，还在综合素质和创新能力方面表现出色

第三节　中小学办学活力评价工具与方法

第四代教育评价理论强调评价应是共同建构的过程，评价者应与被评价者平等对话，充分尊重被评价者的主体性和独特性。基于此，我们设计了以下评价工具与方法（如表 4-2 所示），旨在突出过程和结果相结合、他评与自评相结合的原则，全面、客观、公正地评估学校的办学活力。

表 4-2　中小学办学活力评价工具与方法

一级指标	二级指标	评价工具与方式
理念共识	党建引领	工具：党组织活动记录、党员参与度调查、党建工作满意度问卷； 方法：通过查阅活动记录、进行问卷调查和访谈，了解党组织活动的频率、质量和党员参与度，以及师生对党建工作的满意度
	全面育人	工具：学生综合素质评价系统、课程实施效果评估报告、立德树人工作汇报； 方法：利用学生综合素质评价系统收集学生五育发展数据，通过课程实施效果评估报告了解课程目标的达成情况，结合立德树人工作综合判断全面育人的实施效果
	多元包容	工具：校园文化氛围调查问卷、师生多元观点接纳度调查、容错机制实施案例记录； 方法：通过问卷调查了解师生对多元文化的接纳程度和校园文化的包容性，分析容错机制的实施案例，评估学校对多元观点的包容和支持程度
	使命担当	工具：师生使命感调查问卷、社会责任实践活动记录、集体荣誉和个人成长案例； 方法：通过问卷调查了解师生的使命感和社会责任感，结合社会责任实践活动的记录和集体荣誉、个人成长案例，综合评估学校的使命担当教育成效

续表

一级指标	二级指标	评价工具与方式
理念共识	文化凝聚	工具：学校文化认知度调查、办学理念落实度评估、师生日常行为观察记录； 方法：通过问卷调查了解师生对学校文化的认知度和认同度，评估办学理念在日常行为中的落实情况，结合日常行为观察记录综合判断学校文化的凝聚力
自主行动	战略规划	工具：学校发展规划报告、阶段目标达成度评估报告、战略规划实施进度表； 方法：通过查阅学校发展规划报告和阶段目标达成度评估报告，了解学校发展的阶段目标和任务完成情况，结合战略规划实施进度表评估战略规划的制定和执行情况
	政策内化	工具：教育政策学习培训记录、政策落实效果评估报告、校本化途径创新案例； 方法：通过查阅教育政策学习培训记录和政策落实效果评估报告，了解师生对教育政策的掌握情况和政策落实效果，结合校本化途径创新案例评估学校对政策的内化程度和创新能力
	民主决策	工具：师生参与度调查问卷、决策体系完善度评估报告、议事规则执行情况记录； 方法：通过问卷调查了解师生参与学校决策的程度和满意度、评估决策体系的完善度和议事规则的执行情况，综合判断学校的民主决策水平
	流程优化	工具：内部管理流程评估报告、智能化管理工具应用效果评估报告、流程响应速度测试； 方法：通过查阅内部管理流程评估报告和智能化管理工具应用效果评估报告，了解学校内部管理流程的效率和智能化水平，结合流程响应速度测试评估流程优化的实际效果
自主行动	权力赋予	工具：师生自我决策空间调查问卷、教师教学自主权评估报告、学生参与高自主性课程活动记录； 方法：通过问卷调查了解师生自我决策的空间和满意度，评估教师的教学自主权和学生参与高自主性课程活动的机会和效果
	教育热忱	工具：教师教学满意度调查问卷、教师职业发展规划报告、教育教学成果展示； 方法：通过问卷调查了解教师对教育工作的满意度和职业发展规划情况，结合教育教学成果展示评估教师的教育热忱和专业水平

续表

一级指标	二级指标	评价工具与方式
协同共享	资源整合	工具：教育资源整合方案、资源共享机制实施效果评估报告、资源整合案例分享； 方法：通过查阅教育资源整合方案和资源共享机制实施效果评估报告，了解学校资源整合的策略和效果，结合资源整合案例分享评估学校在资源整合方面的能力
	辐射带动	工具：对外合作与交流方案、专业支持或资源支持案例、社区参与度调查问卷； 方法：通过查阅对外合作与交流方案和专业支持或资源支持案例，了解学校对外合作与交流的情况和对社区、村镇、他校的支持程度，结合社区参与度调查问卷评估学校的辐射带动能力
	团队协同	工具：工作和学习团队组建情况报告、团队协作效果评估报告、团队成果展示； 方法：通过查阅工作和学习团队组建情况报告和团队协作效果评估报告，了解学校团队协同的组织形式和协作效果，结合团队成果展示情况评估学校在团队协同方面的能力
	分享交流	工具：知识与经验交流平台使用情况报告、交流平台活跃度评估报告、分享交流活动记录； 方法：通过查阅知识与经验交流平台使用情况报告和交流平台活跃度评估报告，了解学校分享交流平台的利用情况和活跃度，结合分享交流活动记录评估学校在分享交流方面的成效
	合作学习	工具：合作学习项目实施情况报告、学生合作学习能力评估报告、合作学习成果展示； 方法：通过查阅合作学习项目实施情况报告和学生合作学习能力评估报告，了解学校合作学习的实施情况和学生的合作学习能力，结合合作学习成果展示情况评估学校在合作学习方面的成效
	家校共育	工具：家校合作机制实施效果评估报告、家长满意度调查问卷、家校共育活动记录； 方法：通过查阅家校合作机制实施效果评估报告和家长满意度调查问卷，了解家校合作机制的运行情况和家长的满意度，结合家校共育活动记录评估学校在家校共育方面的能力

续表

一级指标	二级指标	评价工具与方式
发展创新	育人特色	工具：课程教学特色评估报告、全面育人实施策略分析报告、特色育人活动记录； 方法：通过查阅课程教学特色评估报告和全面育人实施策略分析报告，了解学校在课程教学和全面育人方面的特色和创新点，结合特色育人活动记录评估学校在育人特色方面的能力
	持续优化	工具：学校发展改进计划报告、持续改进效果评估报告、师生反馈意见收集与分析； 方法：通过查阅学校发展改进计划报告和持续改进效果评估报告，了解学校在持续优化方面的策略和效果，结合师生反馈意见收集与分析情况评估学校在持续优化方面的能力
	教育研究	工具：教育研究项目申报与结题报告、研究型教师培养情况报告、教育研究成果展示； 方法：通过查阅教育研究项目申报与结题报告和研究型教师培养情况报告，了解学校在教育研究方面的投入和产出情况，结合教育研究成果展示评估学校在教育研究方面的能力
	激励引导	工具：支持性政策文件、创新探索项目申报与评审记录、激励引导效果评估报告； 方法：通过查阅支持性政策文件和创新探索项目申报与评审记录，了解学校在激励引导方面的政策和实施情况，结合激励引导效果评估报告评估学校在激励引导方面的能力
	技术赋能	工具：数字校园 / 智慧校园建设规划报告、技术应用效果评估报告、师生技术使用情况调查问卷； 方法：通过查阅数字校园 / 智慧校园建设规划报告和技术应用效果评估报告，了解学校在技术赋能方面的策略，结合师生技术使用情况调查问卷评估学校在技术赋能方面的能力
	前沿关注	工具：社会 / 科技 / 政策发展动态监测报告、前沿关注点分析报告、学校课程 / 教学 / 管理更新情况记录、典型案例； 方法：通过查阅社会 / 科技 / 政策发展动态监测报告和前沿关注点分析报告，了解学校对社会、科技、政策发展的关注程度和对前沿趋势的把握能力，结合学校课程 / 教学 / 管理更新情况记录和典型案例评估学校在前沿关注方面的能力
成效显著	成果丰富	工具：教育教学典型成果或经验汇编、成果影响力评估报告、成果获奖情况记录； 方法：通过查阅教育教学典型成果或经验汇编和成果影响力评估报告，了解学校在教育教学方面取得的成果和影响力情况，结合成果获奖情况记录评估学校在成果丰富方面的表现

续表

一级指标	二级指标	评价工具与方式
成效显著	社会满意	工具：家长 / 社会满意度调查问卷、学校声誉评估报告、社会认可度提升案例； 方法：通过查阅家长 / 社会满意度调查问卷和学校声誉评估报告，了解家长和社会对学校的认可度及满意度情况，结合社会认可度提升案例评估学校在提升社会满意度方面的能力
	教师认同	工具：教师职业认同感和幸福感调查问卷、教师离职率分析报告、教师工作积极性评估报告； 方法：通过查阅教师职业认同感和幸福感调查问卷、教师离职率分析报告，了解教师对职业认同感和幸福感的满意度情况，结合教师工作积极性评估报告评估学校在提升教师认同感方面的能力
	学生获得	工具：学生综合素质评价报告、学生发展成果展示、学生满意度调查问卷； 方法：通过查阅学生综合素质评价报告，了解学生发展成果展示情况，评估学生在德、智、体、美、劳五个方面的发展水平，结合学生满意度调查问卷评估学校在提升学生获得感方面的能力

第五章

中小学办学活力的影响因素

在当前我国教育变革的浪潮中，办学活力的概念不仅逐渐深入人心，更成为推动教育现代化、构建教育强国愿景的核心议题。这一议题的提出，根植于社会对人才需求的多元化与个性化趋势，以及对学校教育质量与创新特色的迫切呼唤。党和国家历来高度重视教育活力的激发问题，早在20世纪80年代，《中共中央关于教育体制改革的决定》便一针见血地指出政府过度干预导致学校活力缺失的问题。此后，《关于深化教育教学改革全面提高义务教育质量的意见》等一系列政策文件相继出台，不仅明确了减少行政干预、赋予学校更多自主权的目标，更为办学活力影响因素的研究提供了坚实的政策基础与理论支撑。这些政策的导向性凸显了研究办学活力影响因素对指导教育实践、优化教育治理结构的紧迫性与重要性。现实中，学校在办学过程中遇到的种种挑战，如自主权受限、内部治理机制不健全、协同发展机制不畅等，都是制约办学活力的关键因素。这些问题不仅阻碍了学校教育教学质量的提升，更限制了学校的创新潜能与发展空间。因此，深入研究办学活力的影响因素，不仅能够揭示制约学校发展的深层次原因，还能够为学校改革提供科学、精准的对策建议，助力学校突破瓶颈，焕发新的生机与活力。

第一节　中小学办学活力影响因素的文献梳理

办学活力作为推动基础教育高质量发展的关键要素，成为教育领域研究的热点。通过对在中国知网（CNKI）中检索到的相关文献进行阅读梳理，整理了关于办学活力的影响因素的研究，具体可分为四个方面。

一、政策导向方面

政策是引导和支持办学活力提升的重要外部力量，陈如平指出，党的十八大以来，我国基础教育改革发展坚持深化改革创新，全面激发中小学办学活力，在教育投入、管理体制、评价改革等方面提出一系列重大政策措施，这些政策措施为办学活力的提升提供了有力保障。[①]白颖颖等基于政策工具理论构建了“政策时间—政策工具—减负责任主体”三维分析框架，对中小学减负政策进行了深度分析。研究发现政策工具的组合持续优化，但存在结构性失衡；责任主体的协调性逐步增强，但政策执行存在偏差。[②]这为办学活力影响因素的研究提供了新的视角和方法。蒿楠等基于政策工具理论，对我国1985年以来47份中小学办学活力相关政策进行了文本分析。研究发现，政策文本中命令型政策工具的使用占比较高但不断弱化，而激励和能力建设工具使用总体适当并逐步被重视。[③]这表明办学活力的激发需要从政策层面进行引导，从规制走向赋能，通过优化政策工具组合，实现办学活力的内部生成与外部维护。

二、办学权力方面

办学权力是激发办学活力的内在动力，蒲蕊和高新发通过对我国30多年落实中小学办学自主权的改革历程进行梳理，发现中小学办学自主权尚未得到有效落实，学校办学活力不足问题依然存在。她进一步实证分析了中小学办学自主权落实现状及其影响因素，结果显示政府干预、政校间权责配置等是影响中小学办学自主权落实的重要因素。为此，需要对教育放权内容、学校能力建设、监督与问责等方面作出新的调整。[④]江楠等通过问卷调查发现，中小学不同类型、城乡不同地区、教师不同性别以及职称级别对落实中小学办学自主权具有重要影响。因此，在落

① 陈如平．发展更加公平更高质量的基础教育——党的十八大以来基础教育政策述评［J］．中国基础教育，2022（10）：6-10.

② 白颖颖，皮双双，张雪芳．中小学减负七十载的变迁历程、演进逻辑与未来展望［J］．现代教育管理，2023（11）：107-118.

③ 蒿楠，郭一凡，刘梦影．政策工具视角下我国中小学办学活力政策的演进逻辑研究［J］．教育科学研究，2024（11）：35-42.

④ 蒲蕊，高新发．中小学办学自主权：落实现状与政策需求［J］．教育科学研究，2023（2）：33-40.

实中小学办学自主权中应加强各级法规政策建设，完善自主办学的制度保障，以提高不同类型学校校长主观能动性，增强学校自主办学的行动力量。[①]蒲蕊还从高质量发展阶段我国中小学办学自主权边界的角度进行了探讨，认为必须从中小学校的组织属性出发，划定法律边界、专业边界和伦理边界，以实现学校依法自主办学。[②]

三、办学能力方面

学校办学能力是办学活力提升的关键因素，沈胜林和陈中文认为，教育高质量发展进程中影响中小学办学活力的关键因素包括学校办学治校的科学理念、学校治理中多元主体的参与、学校科学合理的权责配置、完善相应的制度和保障措施。[③]这些关键因素对于激发中小学办学活力具有重要作用。范国睿指出，基础教育治理的目的是激发学校的发展活力，促进学生全面发展。这种活力的激发是通过分权、授权、赋权等一系列教育管理权责配置行为以及多元主体参与机制来实现的。[④]

薛彦华和李佳探讨了校长领导力作为学校改进内生动力的内涵、依据与策略，指出校长愿景、课程、团队和文化领导力对学校持续改进的重要性，为学校内部动力激发提供了理论支持和实践路径。[⑤]李志欣从办学活力的角度强调了校长领导力在激发学校活力中的关键作用，提出通过微改革在校长领导力、校园学习文化和课程教学方面激发学校活力，为提升教育质量提供内在动力。[⑥]

教师作为学校的重要组成部分，其活力表现也直接影响学校的办学

① 江楠，江宏，羊自力，等．中小学办学自主权落实研究——以西部C省为例［J］．教育理论与实践，2024，44（5）：21–26.

② 蒲蕊．高质量发展阶段我国中小学办学自主权边界［J］．华中师范大学学报（人文社会科学版），2022，61（4）：174–181.

③ 沈胜林，陈中文．教育高质量发展进程中提升中小学办学活力的思考——基于治理的视角［J］．教育理论与实践，2023，43（29）：18–22.

④ 范国睿．学校治理的逻辑［J］．教育发展研究，2022，42（12）：时评．

⑤ 薛彦华，李佳．校长领导力作为学校改进内生动力的内涵、依据与策略［J］．教学与管理，2022（3）：34–37.

⑥ 李志欣．强化学校教育主阵地作用须激活“内在动力”［J］．人民教育，2022（1）：57–59.

活力，赵德成等对北京市A区中小学教师进行调查后发现教师活力表现处于中等偏强水平，但仍存在较大的提升空间。影响教师活力表现的因素复杂多样，学校治理民主化程度、工作本身满意度和个人健康等因素具有显著的正向预测效应。因此，为进一步激发教师活力，需要完善学校内部治理，推动学校治理民主化，并关切教师身心健康。①

四、外力支持方面

外力支持是办学活力提升的重要保障。陈振和杨烁星从政府、学校与班级的关系视角审视中小学办学活力问题，认为激发中小学办学活力需要实现权力在多层场域间自上而下的合理分配，包括政府、学校和班级三层场域的垂直分权，以协同政府、学校和班级场域之间的联动过程。外力支持需要政府、学校和社会等多方面的共同参与和协作，形成合力，共同推动办学活力的提升。②李勉在“双减”背景下对中小学办学质量评价体系进行了构建，强调要建立政府部门协同联动、专业机构提供支撑、学校积极参与的组织管理机制。③这种机制的形成也是外力支持的重要体现，有助于推动办学活力的持续提升。

第二节　中小学办学活力影响因素的研究设计与实施

一、研究思路

虽然文献已经对中小学办学活力影响因素有了一定的揭示，但是由于学校改革发展变化较快，不断产生新情况、新问题，很多老问题也有新的表现方式，因此，需要进一步探究目前阶段中小学办学实践中影响

---

① 赵德成，曹宗清，张颖怡，等. 教师活力表现及影响因素：基于区域性大规模样本的多水平分析［J］. 教育学报，2022，18（6）：101–116.

② 陈振，杨烁星. 中小学办学活力提升的场域联动与实践反思［J］. 教学与管理，2025（1）：1–7.

③ 李勉. “双减”背景下中小学办学质量评价体系构建［J］. 中国考试，2024（3）：28–36.

办学活力的因素以及影响方式的具体表现。

结合本研究的目标，笔者采用了半结构化的访谈方式，既保证了访谈内容的系统性，又给予了受访者充分的表达空间。设计访谈提纲、提出访谈问题，通过一对一的深入访谈，对北京市多所中小学校的书记、校长、主任、一线教师，高校科研部门专家，教育行政部门领导等受访者进行深入调研，收集大量关于办学活力影响因素的一手资料。受访者涵盖不同学校类型、职称和职务的人员，确保调研结果的全面性和代表性。通过访谈调研，收集到众多关于学校办学活力的影响因素的信息并对其进行加工分析，形成了关于办学活力影响因素的丰富数据。然后，将办学活力影响因素从权力、动力、能力三个方面进行了归纳和分类阐述。在权力方面，探讨学校办学自主权等因素对办学活力的影响；在动力方面，分析内部治理机制、政策环境、学校评价导向以及学生、教师、干部的内在动力等因素；在能力方面，关注校长办学理念与组织管理能力、学校文化与传统、干部和教师素养等关键影响要素。

二、受访者样本情况

本研究的受访者涵盖不同层级和不同类型的教育机构，同时兼顾教育管理的多个关键岗位和职能领域，包括北京市教育行政部门领导、在京高校科研部门领导、中小学领导等。访谈形式以面对面访谈为主，辅以电话访谈，确保了访谈的灵活性和高效性。面对面访谈共计 22 人，电话访谈 8 人。受访者基本情况如表 5–1 所示。

表 5–1　受访者基本情况

序号	部门	职称	职位	编号	访谈形式
1	高校科研部门	正高级	所长	G–01	面对面访谈
2	中学	正高级	书记	G–02	面对面访谈
3	教育行政部门	无	处长	G–03	面对面访谈
4	高校科研部门	高级	无	G–04	面对面访谈
5	高校科研部门	高级	无	G–05	面对面访谈

续表

序号	部门	职称	职位	编号	访谈形式
6	教育行政部门	高级	副处长	G-06	面对面访谈
7	小学	正高级	校长	G-07	电话访谈
8	教育行政部门	高级	区教委副主任	G-08	面对面访谈
9	高校科研部门	高级	无	G-09	面对面访谈
10	高校科研部门	高级	无	G-10	电话访谈
11	教育行政部门	无	处长	G-11	面对面访谈
12	高校科研部门	高级	副院长	G-12	面对面访谈
13	小学	高级	校长	G-13	面对面访谈
14	小学	高级	校长	G-14	面对面访谈
15	小学	高级	书记	G-15	电话访谈
16	中学	正高级	校长	G-16	面对面访谈
17	中学	高级	校长	G-17	电话访谈
18	中学	高级	校长	G-18	面对面访谈
19	小学	正高级	校长兼副书记兼区教委主任	G-19	面对面访谈
20	中学	中级	主任	Z-01	面对面访谈
21	中学	正高级	校长	Z-02	面对面访谈
22	高校科研部门	正高级	主任	Z-03	面对面访谈
23	高校科研部门	正高级	所长	Z-04	面对面访谈
24	中学	正高级	主任	Z-05	电话访谈
25	高校科研部门	正高级	无	Z-06	电话访谈
26	高校科研部门	正高级	无	Z-07	面对面访谈
27	高校科研部门	高级	副所长	Z-08	电话访谈
28	小学	正高级	校长	Z-09	面对面访谈
29	高校科研部门	高级	无	Z-10	面对面访谈
30	高校科研部门	高级	院长	Z-11	电话访谈

第三节　中小学办学活力影响因素

一、中小学办学活力影响因素调查结果

从访谈结果来看，中小学办学活力的影响因素大致有如下三大方面。

（一）办学权力方面

1. 政府放权充分性

在访谈中，多位校长、主任提到了政府放权不足的问题，尽管近年来教育部门在推进简政放权、放管结合、优化服务等方面取得了不少进展，但政府在教育管理上的“越位”现象仍然存在。某主任举例说，“政府放权不足，越界管理，布置的细节工作过多”。（Z–01）某区教委直接“抓”教研组长，虽然名义上是为了加强管理，但实际上双方难以真正理解对接，缺少了必要的连接环节，这不仅增加了学校的负担，也限制了学校的自主性和创新性。政策落实周期不足也是政府放权不足的一个具体表现。某书记指出，政策和实践之间存在距离，需要逐级消化和落实，但当前对政策落实速度的要求过快，加之政策频出，学校往往来不及认真思考转化，只能疲于应对。（G–15）该书记强调，“一分理念九分落实，从政策到管理者到教师需要传导，从理念到行动也需要传导，传导需要周期，周期不充分，理解和落实就不到位”。某研究员指出：“政策落实周期不足，政策和实践之间存在距离，不仅增加了学校的执行难度，也削弱了政策的实际效果。”（G–10）某教委领导指出：“个别先锋学校实践难以在短期内转化为绝大多数学校的行动，所宣传学校提炼出的可迁移借鉴的实操性举措有限。”（G–08）

2. 绩效观与政策倾斜

绩效观与相应的政策倾斜也是影响办学活力的一个重要因素。访谈中，某所长表示，当前的教育管理体制权力过于向上集中，导致学校缺乏必要的自主权和灵活性。（Z–04）某校长认为，“权力依然比较集中，

教育政绩观仍未扭转，关注大众才有活力，不能只集中于精英学生、精英学校”。（Z–02）他还认为，当前的管理体制不仅限制了学校的创新发展，也加剧了教育资源的不均衡分配。比如，集团化管理在实际运行中带来的倾斜性政策也是功利化绩效观的一个具体表现。集团化办学虽然在一定程度上促进了优质教育资源的共享和辐射，但在以升学特别是高考为指标的绩效指挥棒下，集团内优秀学生和教师向重点扶持的中学集中，甚至很多普通小学从四年级开始优秀学生就被选拔到头部中学接受贯通教育，普通学校进而失去了有利资源，积极性也被削弱。某校长强调，“集团化为头部学校输送优秀学生，甚至出现优秀教师的集中，这不利于普通学校的发展”。（G–13）

（二）办学动力方面

1. 评价与激励

访谈中，多位校长和教育专家表示，当前部分学校的内部治理结构仍不完善，存在评价激励制度不合理、文化引领不足等问题。“学校的评价激励制度，包括工资、职称等，对办学活力有很大影响。”（Z–07）如果评价激励制度不合理，就会挫伤教师的积极性和创造性，从而影响学校的办学活力。某校长谈到她到任新学校后，用两个月时间与教师充分讨论，最终制定了新的绩效工资分配方案。新方案一方面使各项工作有了相对合理的回报，另一方面也格外重视对教师的宣讲，每个教师都充分理解为什么这样分配，针对所有质疑，校长一一解释回复，最终获得一致认同。以此为契机，学校教师干事创业的积极性明显提升。（G–19）同时，这位校长还讲述了一次奖金分配方式：学校的一项成果获得了基金会 2.4 万元的奖励，为此，学校举行了全校颁奖会，将学校所有教师分为核心参与者、积极配合者、周边支持者三类人群，确保每位教师都得到不同金额的奖励。此举向教师释放了三个信号：第一，学校的每项成就都是学校集体的成果，和每个人都相关；第二，每个人承担的工作不同，但只要尽职尽责就都会被看见；第三，贡献程度不同回报也不同。虽然每个人实际到手的奖金不多，但此事对教师心理上的激励作用十分明显。当然，经济激励只是其中一部分，很多时候学校没有更多经费作为经济激励，成就激励对于条件相对较好学校的教师群体更为重要。对于教师不愿意参与课后服务这个普遍现象，某主任带领少数几位在课后服务有所实践的教师开发出课后服务学案手册，手册不仅体现了较高的专业水平，还有助于课堂教学的改进。教师参与课后服务后有强烈的专业成就感，其他教师也被这一点吸引，纷纷主动申报课后服务，并在此过程中撰写学案，以拓展和补充课堂教学，寻找助力学生素养发展的新路径。（Z–05）

当然，在激励和评价的校外因素上，不同主体评价指标存在差异，导致学校难以权衡，只能维持一种相对谨慎保守的趋向。比如，政府更关注各项政策的落实情况以及在关键考试中学校或本区的成绩，教育研究部门更关注学校改革创新和专业研究成果，家长更关心孩子身心健康和升学竞争力，教师更关注学生素养全面发展……虽然这些指标都具有合理性，也存在一定交集，但是实践中各主体精力有限，无法同时、全面、充分落实每一个要求。

2. 校长的价值观与学校的人际氛围

校长的价值观和学校的人际氛围显著影响教师工作热情。访谈中，多位受访者表示，校长的个人价值观、办学理念和组织管理能力等都会对学校的发展产生重要影响。“校长不能把利益放在自己身上，要树立正确的价值观，以德为先，多为教师着想，多帮教师解决问题，帮助教师看到未来前景，这样教师才能消除顾虑，放心跟着学校的节奏干。”（G–17）“无论是教师的专业发展还是教师家里的私事，只要学校能帮上忙的学校就不遗余力，全力支持。”（G–04）同时，学校的人际氛围也很重要。某校长谈到她新接手的学校死气沉沉、缺乏活力，教师之间互相提防，维护小团体利益，在她提出改革举措后，大家不愿意合作，不肯在团队中付出，每个人都处于戒备的状态，宁可碌碌无为也不出头冒尖，一旦有人触动自己的利益绝不姑息。（G–18）这样的人际氛围严重制约了学校发展。为此，校长暂时放下其他改革举措，从逐渐建立良好的人际关系开始切入学校工作，经过几个月的努力，教师间的心

理戒备逐渐放下，矛盾和误解逐渐化解，其他改革举措得以顺利开展。（Z–02）

3. 学生参与平台

学生既是办学活力的受益者，也是办学活力的促进者。在真正有活力的学校中，学生一定是充满了主动性和创造力。然而，目前很多学校表面上在积极激发办学活力，但是从学生层面来看，更多的还是靠自觉、自律，真正的自主有限，所谓创新也更多停留在学科问题的解决上。（G–05）一位小学校长提到她试图在学校建立一些学生自治组织，主管教师们虽然赞同，但在行动上总是不由自主地包办代替，生怕学生出问题。（G–14）另一位小学校长则成功地在学校创办了不同主题的学院，多个学院只有一位老师统筹，完全由学生自主设计各类活动并全面实施。学校各种活动层出不穷，不仅丰富了学生的校园生活，还助力学生全面发展。对此，这位校长指出，"主要就是相信学生，不要怕他们犯错，因为学校试错成本低。只有让学生多尝试，他们才能学会思考和判断，才能设计出可行的行动方案，错了就错了，对失败经验的吸取也是收获"。（Z–09）学生参与的平台多了，学生就"活"了，学生"活"了就会激发教师的活力。

（三）办学能力方面

1. 学校文化与传统

学校文化是学校办学的精神支柱和灵魂所在，虽然现阶段大多数学校都已经构建了自己的学校文化体系，但是这些文化与师生价值观引领以及自觉行为之间还存在一定差距。更多文化停留于纸面、墙壁以及学校领导的报告中。特别是学校文化中是否直接体现了对创新、包容等有利于激发活力的价值导向至关重要。北京教育科学研究院基础教育科学研究所在研究型学校建设项目中明确提出"自主创新探究"的学校发展价值观，该价值观是对学校主动发展的价值引领，目前全市300余所学校正在努力践行这一价值观。研究型学校力图推动学校整体的工作理念和运行方式从"经验模仿型"向"研究实践型"转变，强调学校各个主体有意识地结合政策、理论去观察实践，进而发现问题点、改进点、生长点、突破点、创新点，再结合具体情境寻找有效的解决方案，整个过程的推进由研究主体综合分析判断决定。研究主体呈现出充分的自我决策、自我调控、自我负责的自主性特征。（G-01）某校长也认为，如果学校没有形成独特的校园文化和学习氛围，就难以激发师生的积极性和创造力。（Z-09）校园文化的缺失还表现在学校的价值观和办学理念上。访谈中，有受访者表示，部分学校的价值观和办学理念过于模糊或陈旧，无法引领学校的发展方向和激发师生的归属感。（G-01）另一位受访者谈道，“在建构学校课程体系时，我一定将课程要素组合成鹰的样子，一方面回应雏鹰课程；另一方面，所有人一看到这个课程图谱就感到一种向上腾飞的力量，这是我们的核心理念，要随时传递出去，并且影响行动”。（Z-05）

相对于理念影响，学校文化中更重要的是有相关制度、机制的落实。然而，目前学校内部治理结构与不断变化的办学需求相比还有一定的滞后性。访谈中，多位校长和教育科研部门专家表示，当前学校或多或少都存在内部治理结构不完善、制度优化不足、制度的协同性及科学性有限等问题。一定程度上，学校制度的僵化束缚了快速、灵活、创新的思维和行动。

2. 校长、教师的专业素养

首先，校长要具备高度的政策理解和转化能力，能够正确理解政策意图，有效地把政策要求和学校办学实际结合起来，用政策推动学校办学行为迭代升级，而不是碎片化地盲目应对。对政策理解和执行的偏差容易造成无效劳动，既增加了教师负担，又不能取得长远良效。某校长谈到，他尽量争取和政策制定者对话的机会，这样便于把握和理解政策。（G-17）其次，校长要具有较强的决策能力，虽然学校规划以及发展事务是集体决策的结果，但是校长在其中发挥核心作用，直接影响决策的选择，因此必须从大局出发，综合考虑多方面因素。最后，校长本人应具备开放、积极、探究的品质，成为一位学习型、研究型的校长，能不断提升对教育规律和教学实践的认知，进而引领学校发展。

学校教师的专业素养也十分重要，一方面要具有较强的执行力，能够很好地执行学校或者团队的决策；另一方面，要具有专业创新的动力和能力。在访谈中发现，教师课程开发能力有待提升，很多教师往往忙于日常教学任务，无暇也无力顾及课程的研发工作，课程开发缺乏系统性和科学性，关注点往往在于一节好课，而忽视对课程整体的把握。（Z–01）同时，教学育人方式的升级也是影响学生学习活力的重要因素，课堂氛围沉闷、学生的学习兴趣和积极性不高、与现代科技相结合的教学手段和方法缺乏、教学评价机制不完善、对学生综合素质和能力的评价浮于表面等，导致无法对学生的创新能力和实践能力进行科学评价。（Z–03）

3. 学校的资源开发能力

应该说，现阶段所有学校都比较注重校外教育资源的开发，包括家长、社区、高校、社会机构等，但是不同学校开发与利用资源的能力不同。这些校外资源很大程度上影响着学校育人的活力。在接受访谈的校长中，有些校长很好地把村镇产业经济融入学生实践课程中，形成了极富现代乡村特色的课程体系（Z–09）；有些学校实施了“敲门计划”，敲开学校周围各个机构的大门，和这些机构一起开发校本课程和课后服务课程，使学生学习场域和学习方式更加多样化，同时制定了完备的校外课程管理机制，确保了课程的严肃性和科学性（Z–05）。此外，得到高校、科研机构专家的长期支持，以及与更多高质量社会机构建立长期稳定的合作关系，对于学校来说是至关重要的。

4. 学校安全责任

虽然学校对于校园安全有着不可推卸的责任，但是近年来频发的校园安全事件也增加了学校的顾虑，特别是家长和舆论的压力，导致学校不敢充分放手，而是最大限度地避免意外发生。

二、中小学办学活力影响因素提炼

将访谈的结果进行整理，按照办学权力、办学动力、办学能力三个方面进行分类，得到表 5–2。

表 5-2　办学活力影响因素访谈内容提炼汇总

维度	定义	具体因素	影响方式
权力因素	学校在办学过程中拥有的自主权、决策权以及外部对学校的干预程度。这些因素直接影响学校能否自主决策、灵活应对问题	·政府放权； ·政策密度与落实周期； ·绩效观	·政府过度干预和放权不足，导致学校难以自主决策、办学活力受到影响； ·政策落实不到位或政策冲突，使学校在应对政策时疲于奔命，难以深化教育改革； ·功利性绩效观导致对学校成果产出速度要求过高，同时为取得良好绩效进行集团内部优质资源集中调配，使普通学校（特别是中学）的发展积极性受挫
动力因素	学校内部和外部的激励机制、评价体系以及教师和学生的积极性。这些因素直接影响学校成员的工作热情和参与度	·评价与激励制度； ·教师的价值感与成就感； ·学生的参与度与实践平台； ·校长的价值观与领导力； ·团队支持与教师交流； ·人际安全感	·政府、社会、学校、家长评价标准存在差异，影响学校大胆放手改革； ·现有校内评价尚不能关注每一位教师的发展动力； ·学生的参与度和实践平台不足，会影响学生的全面发展和学校的活力； ·校长的领导力、价值观直接影响学校的管理氛围和教师的职业发展； ·团队支持和人际安全感不足，影响教师的归属感和工作动力
能力因素	学校在办学过程中具备的资源、管理能力、文化传统以及教师的专业素养。这些因素直接影响学校能否有效实施教育改革和创新	·学校文化与传统； ·校长的办学理念与领导力； ·干部和教师专业敏感性与执行力； ·资源渠道； ·学校安全责任	·包容、创新的学校文化才能维持活力的不断涌现； ·校长的办学理念和领导能力直接影响学校的管理水平和创新能力； ·干部和教师的素养决定了学校能否有效实施教育改革和创新； ·学校资源开发与利用能力决定学校是否能开门办学； ·学校安全责任过重，导致学校管理保守，缺乏创新空间

三、提升中小学办学活力的思考与建议

（一）校内组织结构进一步调整放权，落实办学自主权

访谈结果显示，办学自主权缺失和外部干预过多是影响办学活力的

重要因素。针对这一问题，政府应逐步减少对学校的直接干预，将更多的管理权下放给学校，让学校拥有更多的自主权，包括在课程设置、教学方法、师资管理等方面的自主权，使学校能够根据自身的特色和需求进行灵活调整。在现有条件下，学校应明确自身在教育体系中的定位，根据教育规律和学校实际情况，合理规划校内组织结构，确保各部门职责明确、高效运转。

分布式领导理论（distributed leadership theory）认为，领导力不应被少数人拥有，而应分散到组织的各个层级被处于不同层级的人拥有。通过内部放权，学校可以激发中层干部和教师的主动性，增强学校的灵活性和适应性。因此，学校应建立扁平化管理结构，赋予中层干部和教师更多自主权。优化管理结构，减少管理层级，建立“校长—中层干部—教师”的扁平化管理结构，取消不必要的中间环节，让年级组长、学科组长直接参与学校决策；赋予中层干部更多决策权。例如，年级组长可根据学生特点调整教学进度，学科组长可自主设计教研活动。推行“项目负责制”，将学校重点工作（如课程改革、校园文化建设等）分解为具体项目，由教师团队自主申报并负责实施。例如，某校将“劳动教育”课程开发交由教师团队设计，学校提供资源支持。建立项目评估机制，定期反馈项目进展，确保目标达成。建立“教师议事会”，定期召开教师议事会，邀请教师代表参与学校重大决策的讨论和制定。例如，某校通过教师议事会讨论课后服务实施方案，最终形成符合教师和学生需求的方案。通过内部放权，学校可以激发中层干部和教师的主动性，减少决策层级，提升管理效率，同时增强教师的归属感和责任感。

（二）构建多元激励体系，满足教师和学生的多样化需求

自我决定理论（self-determination theory）指出，个体的内在动力来源于自主性、胜任感和归属感。学校需通过激励体系满足教师和学生的心理需求，激发其内在动力。据此，首先，完善学校的评价激励制度，建立科学合理的评价体系，确保评价结果的公正性和客观性，注重过程评价与结果评价相结合、个人评价与集体评价相结合，鼓励教师在教学

过程中不断创新和尝试，为学生提供更优质的教育服务。其次，针对处于不同职业阶段的教师制定激励措施。例如，为新教师提供担任“成长导师”和参加教学比赛的机会，为资深教师提供获得“学术带头人”称号和科研支持的机会。还可以设立“非教学贡献奖”，认可教师在班级管理、社团指导、家校沟通等方面的隐性付出。同时，强化精神激励，通过公开表彰、校长写亲笔感谢信等方式，增强教师的荣誉感。例如，每月评选“微创新之星”，表彰在教学方法或班级管理方面有“小创新”的教师。建立“教师成长档案”，记录教师的专业成长轨迹，定期反馈其进步与价值。

在学生层面，强化学习方式变革，同时建立学生自治平台，如“学生议事会”，定期讨论校园事务（如食堂管理、课外活动设计等），学校对合理提案给予经费和政策支持。开发学生主导的实践项目，如“校园环保行动”“科技节策划”，将项目的开发情况纳入学生综合素质评价。

通过多元激励体系，学校可以满足教师和学生的多样化需求，减少其职业倦怠感和学习倦怠感，增强其归属感和使命感，从而提升整体办学活力。

（三）培育开放、包容、创新的校园文化，形成多渠道教育合力

校园文化是学校办学动力的精神支柱和灵魂所在。针对当前部分学校文化对办学活力支撑不足的问题，需进一步明确学校的办学理念和价值观，借助开展文化活动、建设文化设施等方式，将办学理念和价值观渗透到师生的日常生活中，营造激励师生不断发展的校园文化氛围。注重校园文化的创新和传承，鼓励师生共同参与校园文化建设，让校园文化成为学校发展的重要支撑。

校长层面，提升校长的变革领导力。Bass 的变革型领导理论强调，领导者通过愿景塑造、个性化关怀和智力激发，激励追随者放下自我利益，为组织目标投入更多热情。校长的办学理念和领导能力直接决定学校能否突破传统管理模式，实现创新发展。教师层面，开展“问题导向”的专业研修，针对教育改革中的难点（如差异化教学、家校协同），组织

教师参与“行动研究小组”，以真实问题为切入点，通过“学习—实践—反思”循环提升专业能力。

通过技术赋能等多种途径，创设校内校外、课上课下协同育人的广阔场域；增强以学区化、集团化、城乡一体化为依托的校际优质教育资源共享机制。

第六章

治理体制机制创新：强化办学活力的制度支撑

“落实和扩大学校办学自主权，完善学校内部治理结构，有序引导社会参与学校治理”[①]是管办评分离过程中学校经营运行方式的变革方向，体现了现代社会对学校专业性、公平性、科学性、人文性等方面的更高要求。一系列政策文件的实施，推动中小学校在治理体系建设和治理能力提升方面不断迈进。创造性地落实政策，结合学校实际创建“赋权—增能”的组织体制机制，为激发办学活力提供了组织制度支撑。

第一节　高质量发展对中小学内部治理变革的要求

一、学校高质量发展的内涵

基于高质量发展观，学者们从不同视角出发，对教育高质量发展进行内涵揭示，主要呈现出理论抽象和政策演绎两大派别。

理论抽象派别对高质量发展进行了纯粹的理论性描述。例如，“高等教育高质量发展就是通过优化和协调影响高等教育系统和学科组织的要素和机制的方式提升高等教育整体质量的过程”[②]“高质量发展是对教育发展状态的一种事实与价值判断，意味着教育在‘质’与‘量’两个维度上达到优质状态，表现为教育享用价值与质量合意性的提升，具有教育供给及产出质量高、效率高、稳定性高等特点”[③]。

---

① 中华人民共和国中央人民政府．中华人民共和国国民经济和社会发展第十四个五年规划和 2035 年远景目标纲要［EB/OL］.（2021-03-13）［2025-01-17］. https://www.gov.cn/xinwen/2021-03/13/content_5592681.htm.

② 郑文龙，欧阳光华．高等教育高质量发展：内涵、挑战与路径［J］．现代教育管理，2022（6）：46-53.

③ 柳海民，邹红军．高质量：中国基础教育发展路向的时代转换［J］．教育研究，2021，42（4）：11-24.

政策演绎派别重视高质量发展的时代背景，紧密结合新发展理念以及当前党和国家教育方针政策，阐述高质量发展与理念政策的内涵一致性。比如，“高质量发展就是能够反映创新、协调、绿色、开放、共享这五大发展理念，体现出投入少、成本低、效率高以及效益好的发展”[①]“建设高质量教育体系意味着过去粗放的规模速度型发展方式已经不适应新的发展要求，创新驱动的发展、协调平衡的发展、环境友好的发展、开放共赢的发展、包容共享的发展才是好的发展；意味着发展不是经济‘单兵突进’，而是经济、社会、教育、科技等所有领域的‘协同行动’”[②]。此外，吴晓蓉和胡甜从系统均衡观、质量管理观和民生改善观三个维度，阐释了教育高质量发展的内涵。[③]

高质量发展的内涵不能脱离时代意蕴而单独存在，其“质量”既包括教育发展结果产出与目标期待的切合度，也包括教育过程中契合时代需求的教育目标、教育发展方式的体现情况。换句话说，“高质量发展”是正确理念与路径推动下的实践发展、成效提升；质量的“高”不仅在于程度的增加，更在于发展理念、目标和方式根据社会发展需要和教育现代化进程而更新。因此，可将教育“高质量发展”定义为：全面贯彻党的教育方针，采用现代理念与方式，有效解决教育发展不平衡不充分问题，使人民满意度不断提升的教育发展过程。

“创新、协调、绿色、开放、共享”的新发展理念不仅是国家发展全局性、根本性、导向性的指引，也从以下五个方面为确定学校教育发展战略提供了思想和路径的引领。

第一，学校教育质量提升的关键在于创新，一切问题和矛盾都要在创新中突破和解决，原有的成绩和经验也需要在创新中进一步超越和提升，不断检视现状、不断寻求改进的学校教育是高质量教育的动力之源。

---

① 王永昌，尹江燕．论经济高质量发展的基本内涵及趋向［J］．浙江学刊，2019（1）：91–95.

② 管培俊．建设高质量教育体系是教育强国的奠基工程［J］．教育研究，2021，42（3）：12–15.

③ 吴晓蓉，胡甜．教育高质量发展：内涵、标准及实践［J］．教育与经济，2022，38（2）：29–30.

第二，学校教育的发展是整体优化的过程，要在多种教育要素的联动作用下共同发展，是生生、师生、师师、校校、家校社等不同主体，课上、课下、课后等不同环节，德智体美劳等不同素养，教学、管理等不同活动之间相互促进、发挥合力的结果，任何一个要素的缺失都会导致整体教育质量受损。

第三，学校教育以人的健康、持续发展为准则，既要着眼于每个学段、每个课时教育目标和任务的完成，更要着眼于每个学生未来的发展和社会主义建设事业的百年大计，避免用时间、健康乃至育人内容或管理手段的投机换取暂时的、表面化的成绩。

第四，学校要成为一个边界开放的组织，打破学校之间、学校与社会之间的壁垒，积极了解、引进多种优秀教育资源、教育平台，参与多种教育交流活动，鼓励拥有多重身份的主体参与教育决策、教育执行、教育研究、教育管理与评价等活动，让学生走出教室、走出校园进行无边界学习。

第五，学校教育资源和机会要惠及更多学生，让每个学生都能享受到学校发展的红利，充分满足学生教育需求，让学生拥有选择权，通过合理机制调配稀缺教育资源。

可以看出，新发展理念引领下学校高质量发展呈现出创新、系统、持续、开放、公平的特征。其中，创新是解决人民满意方面存在问题的根本动力，系统和开放为提高人民满意度提供了方法和路径，持续和公平是对学校教育质量的评价和感受。

二、高质量发展对学校治理的要求

广义上，学校治理关乎学校战略性的规划和设计，涉及学校的整体发展。但从我国现实语境来看，学校治理更多地强调发挥学校办学主体作用、在现代学校制度化过程中进行学校自组织建设。这种自组织建设要摆脱原有自上而下科层管理的束缚，试图重新确立学校各利益主体的权力和责任，建构更加民主、开放的运行机制和结构体系，使学校能够在多主体协同中全面反映多方利益，促进多主体的平等参与，激发不同主体的办学活力。总体上，学校治理包含以下三个要素：治理主体的多元化、行动方式的网络化、权力责任的一体化。[①]可见，学校治理是对以往学校管理方式的转变，这一转变与高质量发展的要求是完全一致的，具体体现在以下五个方面。

第一，建立学校内部治理体系、提升学校治理能力是学校的新任务、新课题，其本身就是学校管理的创新。

第二，学校治理回应了高质量发展的开放性要求。治理主体的多元化要求学校运行过程向更多主体开放，吸纳更多主体参与学校事务的决策与实施。

第三，多元主体参与的学校治理必然要求建立主体间的协调与配合机制，以便妥善处理各主体间的责任关系，这种配合与协调体现了学校高质量发展的系统性要求。

第四，学校治理旨在通过参与决策与实施的方式回应各主体利益关切，实现责权利一致，强化了不同群体在学校事务中的主体地位，进而激发各主体的教育活力，促进人与事同步可持续发展。

第五，多主体决策能够集思广益，关注更多不同群体利益，促进教育公平。

第二节　中小学内部治理变革动因与探索实践

为把握北京市中小学学校内部治理现状，项目组收集了32个由区域推荐的典型学校案例，从动因和经验两个方面进行分析，以期回答推动学校治理变革的因素有哪些，学校治理变革的侧重点与实践经验有哪些。

---

① 杜明峰，范勇，史自词．学校治理的理论意图与实践进路［J］．教育研究，2021，42（8）：132-141.

一、学校治理变革动因分析

对 32 个案例涉及的变革动因进行分类统计可以看出，以下七方面因素对学校产生了影响。

第一，政策背景。党和国家的教育方针、教育政策，特别是近年来颁发的教育文件要在学校办学中得以转化落实。比如，习近平总书记重要讲话精神、《中共中央关于坚持和完善中国特色社会主义制度　推进国家治理体系和治理能力现代化若干重大问题的决定》、《关于建立中小学校党组织领导的校长负责制的意见（试行）》和《北京市关于建立中小学校党组织领导的校长负责制的实施方案（试行）》等。

第二，学校基础条件在发展中的现状与产生的问题。学校位置、师资、生源等对学校发展的不利影响需要克服和扭转。比如，教师人心浮躁、缺乏动力；学生家庭力量多元、相互牵绊；学校管理中存在冲突与矛盾；等等。

第三，学校历史与特色。学校的优秀传统和特色需要进一步发扬、深化、提升。比如，学校的红色基因、“改革创新，敢为天下先”的文化与价值观、党建传统、管理进阶历程，以及北京市综合改革实验学校和国家深化基础教育学校办学体制改革试验项目的使命感等。

第四，新任务或新要求。随着时代的发展，人们对教育的期待和要求不断提高，因此学校面临着进一步发展的新问题、新任务。比如，“双减”实施中的新挑战、集团化办学的新挑战等。

第五，未来发展要求。学校以未来视角审视当今教育，主动发现可能的发展方向与要点。比如，社会生活的变化等。

第六，新机遇。学校遇到能被直接利用的有利机会。比如，加入优质教育集团、参加市教委“春雨计划”、成为党组织领导的校长负责制的试点学校、新校长上任、大数据时代等。

第七，教育规律与理论。在对教育规律与理论的不断深入理解中找到了变革动因。比如，对家校共育相关理论的再学习、儿童整体发展观等。

当然，一所学校的治理变革可能是多个动因叠加作用的结果（如表 6-1 所示），案例中多数学校治理变革动因都在两个以上。总体来看，“现状与问题”是首要变革动因，“政策背景”和“新任务或新要求”也是重要影响因素。从中可以看出，多数学校是从本校办学实际情况，特别是制约性问题入手，通过治理变革寻求有效解决方案。同时，学校作为国家行使教育权的主要阵地，党和国家政策以及随着时代发展而产生的更为具体的新任务、新要求也推动着学校治理理念和治理方式的变革。学校治理变革的动因特征是：以当下内外部因素结合为主，以历史和未来因素为辅。

表 6-1　中小学治理变革动因分布

动因	政策背景	现状与问题	学校历史与特色	新任务或新要求	未来发展要求	新机遇	教育规律与理论
数量	12	13	7	11	3	6	4

二、学校治理变革实践经验

学校治理在于重构学校各利益主体的权力和责任，通过多元参与和协商共治，建设民主、开放的运行机制和结构体系，形成相应的价值观和组织文化，激发学校各利益相关方的活力，办出人民满意的教育。从案例来看，学校的典型实践主要侧重五个方面：学校领导系统变革、学校整体组织结构变革、教师发展系统变革、家校社协同治理变革、集团化治理变革。

（一）学校领导系统变革：党组织全面领导和强化党员职责

随着党建的深入，特别是《关于建立中小学校党组织领导的校长负责制的意见（试行）》的印发和《北京市关于建立中小学校党组织领导的校长负责制的实施方案（试行）》的颁布，如何加强党组织对学校的全面领导成为一些学校探索的重点。案例反映的实践策略如下。

1. 建立领导体系，党的工作布局到末梢

东风小学教育集团将党组织纳入集团治理体系；昌平区前锋学校形成“以高质量党建引领学校高质量发展”的思想共识，成立学校党委，并将一线党支部建在小、初、高三个学段，用党建的力量激活教育教学神经末梢，凸显党支部战斗堡垒作用。北京四中将落实党组织领导的校长负责制与“支部建在连上”组织机制相结合，自2020年起创设年级四人领导小组制度，即每个年级均由一位支部书记、一位年级组长、一名教学处干部、一名学生处干部组成四人领导小组，负责日常年级事务的管理。不仅充分保障了党组织集体决策在一线实践中的高质量发展，也为学校一线工作的落实和发展提供了稳定的基层领导团队。

2. 健全制度体系，明确职责定位和议事规则

昌平区前锋学校对学校党委和各支部的设置、职责权限、工作方式和机构、人员等进行明确，增加和完善各项制度共41项。明确党委领导职责，界定学校书记和校长工作职责，同时把党委抓教师思想政治、意识形态和德育工作制成责任清单，形成主体明确、职责清晰，上下衔接、环环相扣的责任落实体系。结合教育发展的新形势、新任务、新要求，坚持每两年完善各项制度，既保证规章制度的合法性、程序性，又体现稳定性、前瞻性，为依法治校、科学治校保驾护航。重点完善学校党委会和校长办公会的议事规则和议事清单，根据学校实际设立党政联席会议，明确议事内容，不断完善党组织发挥领导作用的运行机制，提高了会议决策效率及行政工作效率。厘清党委会、校长办公会、党政联席会议的决策边界、明晰路径。明确党政主要领导会前沟通机制，达成个别沟通、民主协商、集体酝酿的共识。严格落实党务公开和校务公开制度，制定公开内容清单，强化工会监督机制。

3. 发挥每名党员对学校发展问题的首发责任

北京四中推出“首发负责”党建工作法，要求支部党员在校区优质化发展过程中，每一名党员无论其工作职责为何，务必对其发现的问题负责到底。能够独立解决的，独立解决；无法独立解决的，则需联络相关部门和负责的教师协同解决或交接工作，一追到底、绝不推

诿，直到问题解决为止。让每一名党员干部在发现问题时都能自觉成为第一时间聚焦问题、解决问题的主责人，从而为学校的健康发展构筑起坚强的战斗堡垒，同时在保障教育教学高质量的基础上开展意识形态教育，在全面从严治党等方面担起责任，在各自的岗位上践行“一岗双责”。

4. 建立党员互助监督机制

北京四中在校园日常管理中贯彻落实“接诉即办”工作精神，借鉴新时代互联网企业扁平化管理模式，建立各校区互助群。党员教师带头，鼓励全体教职员工积极关注校园中存在的各种问题和隐患，在微信群中实时对相关问题进行申报并共同监督其解决进程。

（二）学校整体组织结构变革：学生发展和专业发展双线以及多元共治

在建立学校治理体系和治理结构的过程中，组织结构和运行机制成为学校变革的重要内容，多元共治、放权赋能、扁平分布、对话协商成为普遍特征。学校的实践策略如下。

1. 治理主体多元化

在多元共治的理念下，学校决策民主程度增加，学校决策主体构成更加丰富。比如，北京市十一学校和国家教育行政学院附属实验学校的战略决策高层都是由六大主体构成，这六大主体分别为学校党组织、教职工代表大会、校务委员会、学术委员会、家长代表大会和学生代表大会。史家教育集团成立集团理事会，通过政府、学校、社会组织、专业机构、教师、家长等利益相关者的共同治理实现集团善治。理事会以多方协作和共同参与的方式，加强学校治理中的民主决策和社会监督，在集团改革与创新中充分发挥决策、参谋、咨询、协调和监督作用，促进集团现代学校制度建设。中关村第三小学有六大治理主体：党组织、行政团队、少先队、家校共同发展委员会、教代会、课程发展委员会。

2. 职能部门突出学生发展需要和专业研发

学校职能部门重组，以适应新时期育人要求和专业发展需求，部门设置体现出新的专业功能。比如，北京八中行政管理呈现“六·三格局”，其中，“六”指整合优化学校多校址处室机构，形成了学生发展指导评价中心、教学指导评价中心、学校发展保障中心、超常教育创新实践中心、国际化教育中心、合作办学中心六大管理服务机构；“三”指组建的学术指导委员会、学校管理顾问督导委员会、学校发展促进委员会，从学术性、专业性、资源性上给予学校教育教学高质量发展的支撑和保障。史家教育集团创设八个中心，其中党建中心、德育和思政中心发挥方向引领作用，学生发展中心、教师发展中心提升教育教学工作质量，教育改革发展中心、品牌发展中心促进学校育人特色发展，督评中心对教育教学质量进行全程监督，行政服务中心全力为学校业务工作顺利开展提供支持保障。育英学校以课程研究院为专业引领机构，对各学部（校区）所有教研组长发挥直接领导作用，教育服务中心、教学服务中心、行政后勤服务中心和人力资源服务中心淡化行政权力、人际关系，只负责服务工作，构建了用学术影响力超越行政影响力引领学校发展的新型治理文化。怀柔区桥梓中学围绕教师发展和科研指导，结合安全保障和后勤服务，构建了多维度的保障平台，共同支持一线教学。

3. 运行机制保障多主体有效协作

一些学校正在尝试建立系统化运行机制，以保障多主体有效协作。北京市十一学校的主要治理机制包括：各治理主体间权力的相互制约机制；重大事务决策的协商机制；权力的分解与下放机制；联动机制；推动学校创新发展的研发机制。国家教育行政学院附属实验学校重点建设机制包括：依法、科学、民主的决策机制；以教师为主体的专业审议机制；对话式的民主共商机制；学生参与学校治理的机制；家校社政一体化的综合育人机制；开放互动的民主监督机制。

4. 在年级层面实现综合管理育人

年级成为综合育人的主阵地。为激发年级管理的活力，北京八中把学校教育教学管理工作重心放在年级，克服了管理层级多、部门多造成的管理效能低下及干扰等弊端。年级管理团队成员由年级主管、支部书记、德育助理、教学助理和年级干事等组成，各年级设立党支部和工会小组。年级管理团队负责人参与学校行政会议，由校务委员会直接领导，各管理服务中心及职能部门提供支持保障并督导考评。育英学校年级主任在本年级教育教学以及行政人事等方面具有充分授权，可以自主调动学校各种教育资源。每个年级的管理相对独立，直接受校务委员会领导。这种管理不仅有利于年级主任对不同学科课程实施的协调统一，有利于实现人力资源的自然流动，更大的优势在于年级主任直接负责学生综合素质的发展与提升。密云五小一至六年级每个年级为一个级部，由一名业务行政干部蹲点和一位年级团队长协助管理级部，部门、责任人、蹲点行政干部这三者之间不是简单的纵向层级关系，而是紧密的合作关系，既分别对部门、学科和年级负责，也共同聚焦到“人”，即教师和学生的发展。

5. 管理研究“一统到底”

为确保育人的完整性，个别学校尝试“一统到底”的管理和研究策略，综合审视学生的完整教育生活。比如，清华大学附属小学每周四校长带领包括教学和后勤在内的所有管理者、项目主任、研究员，选定某一个班级，聚焦相关专题，以研究的方式探讨如何优化管理，实现了管理主体参与程度丰富化和管理层级链条最短化。

（三）教师发展系统变革：在跨组织、自组织中发展教师领导力

为了促进教师自主化、专业化发展，激发教师发展动能和活力，学校治理在教师层面进行了变革尝试，根本导向是通过扩大教师专业发展自主权，增加教师专业发展选择性，转变教师工作“被动接受—检查监督”的模式，使教师在更广阔的空间中主动、自觉寻求专业的精进。

1. 跨界共同体深化教师专业治理参与程度

转变教师的固定身份定位，通过多个共同体建设使教师感受到专业环境的多样化，进而对自身专业与职能发挥产生更全面的认识，产生参与治理的动力。比如，史家小学创建“史家学院”教师专业成长平台，根据学科不同领域设立八大研究分院及60余个教师研究室。全体教师

以研修学员身份参与伙伴学习共同体，聚焦教育实践的具体问题，形成“问题诊断—协同攻关—成果转化”的循环提升机制。该体系突破传统个体化成长模式，构建起持续迭代的专业发展生态系统，体现出“去个体化”的特点。除学科维度外，学校还依托品牌中心打造了36个特色品牌项目，涵盖国博课程、创智汇、史家传媒等多领域。各项目团队实行自主管理模式，由教师自主申报，教师团队全过程参与项目规划、资源整合、课程开发、活动实施及成果推广。这种“去中心化”运作机制，使课程创新从行政驱动转向专业自觉，形成自下而上的教育创新活力。在班级管理层面，尝试“班级社区”育人模式，打破传统学段壁垒，将各个年级相同序号的班级整合为纵向发展共同体，通过跨年级学习交流、项目协作、经验传承等深度互动，构建十二年一贯制成长支持网络。该模式以“去行政化”的思路突破班级管理局限，为学生提供持续性的发展引导与资源支持，也促进不同年级之间教师在育人方面的紧密交流与合作。

2. 基于任务的部门协同提升专业治理效能

学校部门间逐渐改变各扫门前雪的工作机制，更加重视基于共同目标和任务的分工协同。北京市朝阳师范学校附属小学围绕作业的统一管理，重新对组织架构进行整合与分类，成立由科研部门、课程部门、人力部门组成的“三协同”作业支持组织体系，负责作业的研究与开发、作业的管理与实施、教师的培训与考核，形成对作业的全过程管理。北京教育科学研究院丰台实验小学以课后服务的内部治理结构为突破口，设置课后服务规划部、课后服务发展部、课后服务保障服务部、课后服务监督测评部。

3. 教师自治组织丰富学校治理形态

抓住教师兴趣点顺势建立自治组织，丰富学校治理形态。昌平区史各庄中心小学在一次培训之后偶然发现教师们自发在一起研究讨论，并且吸引了其他教师加入，便顺势成立“青年教师成长学院”。学院把有共同发展愿望的教师凝聚在一起，发挥他们的优势，激发他们的潜能，帮助他们在团队的发展中实现自己的价值，他们互相感染、互相鼓励，渐渐地，每个人都有了自己的追求与目标。密云五小为进一步降低管理的重心，让更多的教师能参与到学校管理中来，倡导主题式或项目化管理，构建创新型组织文化，使每一位教师都成为创新者，实施以价值观为基础的分布式领导模式。在教师自愿的基础上，组建了不同形式的创新团队，如骨干教师工作坊、青年教师工作坊、国学工作坊、骨干班主任工作坊；为更好地实现线上教学，由教师牵头，在学业监控、心理疏导、技术支持等方面也组建了教师团队；此外，还有卫生防疫、师生状况监控、“双减”政策宣讲、课后服务课程研发、作业统筹设计等工作团队；甚至自发成立举办周期比较短的活动的组织，如“一年级汉语拼音过关项目组”“英语故事演讲项目组”等，这些组织的领导者均为一线教师。

4.“荣点机制”激励引导教师责任担当

学校通过激励认可引导教师发展方向，在激励中进一步强化个人对组织、对事业的贡献。史家教育集团构建“荣点机制”激励体系，通过“史家新秀—校级骨干—主任级教师—教育家卓立奖”四级荣誉阶梯，系统识别不同发展阶段的教师领军人才，该体系配套学术研修支持、专项教改基金及“史家文库”出版平台。育英学校制定了《和谐年级组（处室）建设标准》《北京市育英学校关于设立“教师教育专家”称号的决定》《关于设立北京市育英学校“‘好好学习’校长奖学金”的决定》《北京市育英学校“担当奖”的评选办法》等规章制度，在全校师生员工中建立了良好的竞争与合作机制。

5. 弹性空间缓解教师身心压力

昌平区史各庄中心小学经过三次民主讨论，制定并实施了“学校弹性上下班制度”，改变了原来硬性的严格考勤管理，采取了“上限封顶，自主调整”的弹性制度。学校还通过了“产假、育儿假和护理假”的具体操作办法，给了一部分教师相对充足的时间处理好工作与家庭的关系。弹性制度的实施使教师们的怨言没有了，疲惫感也减轻了。

（四）家校社协同治理变革：明确边界优势互补

家校社协同是学校治理体系中的重要组成部分，也是目前学校管理探索的重点、热点内容之一。学校变革的关注点更多地侧重于家长参与机制建立，而针对社区资源如何系统性地为学校服务以及学校如何更好地融入社区之中，只有少数学校作出比较具体的尝试。

1. 明确家长、社区参与学校教育治理的定位、机制，提升相应能力

首先，明确家校社地位，建立平等、尊重、协同的关系。北京教育科学研究院燕山向阳中学提出：强化平等、服务意识，变告知为协商；强化有效沟通意识，变单向道为双向道；以尊重为前提的影响与指导，变要求为共研；以专业为手段的帮扶与鼓励，变促学为主动学；联席联动，变分段管理为融合管理；资源共享，变内循环为大流通。燕山东风小学通过“一书、一信、一会、一册”建立共同愿景；多途径畅通沟通渠道；搭建共育平台，发挥育人价值。

其次，通过结构化组织体系管理运行家、校、社事务。比如，首都师范大学附属回龙观育新学校成立了由学校领导、教师、家长、社区代表共同组成的家校社教育共同体，共同体设置的组织部、学习部、宣传部、协调部、人力资源部分别从不同领域参与学校管理工作。

再次，明确家长参与学校治理的内容与方式，不越位、不缺位。比如，海淀区红英小学结合家长特点与学校需求，开展家长导师制探索，确立以志工爸妈、家长讲师、学术导师为基础的工作框架与内容，并规范相应的选拔、服务、评价流程。中关村三小成立家长志工团，家长志工团参与的学校事务范畴涵盖校园安全治理（交通疏导、设施巡查）、课程资源开发（工匠坊课程建设、选修课设计）、教育服务拓展（项目招标评审、双语资料编译）、实践活动创新（社区教育联络、文化建设项目实施）以及“好老师进社区”品牌运营等关键领域。

最后，多途径提升家长教育参与能力。比如，北京十五中附属小学建立了以班级为组织单位的“班级家长学校”；系统化、针对性开设“班级家长学校”课程；推出“班级家长学校”的三大支持平台：直播平台、

送播平台、点播平台；建立幼小衔接“班级家长学校”；延续推进“三阶段四环节模式”主题家长会。中关村三小依托家庭教育实践研究中心构建“家长课程体系”。通过分层对话（主题论坛、专题沙龙、专家讲座）与协作共创（定期家长会、实践工作坊）两大路径，将家庭教育热点议题转化为结构化课程内容。家长群体在专业引领下开展协同研讨，形成兼具理论深度与实践价值的教育策略方案，最终通过校本化“家话”知识专栏在官方微信公众号进行体系化传播。

2. 系统开发家长、社区资源为学校课程建设服务

学校要从教育教学实际需要出发，主动开发、整合家长、社区资源，为学校课程建设以及整体育人服务。比如，“双减”政策颁布后，西单小学以盘活属地资源为突破口，构建课内课后一体化的课程体系。学校梳理了周边“最近一公里”的资源，通过对这些资源进行调研、归类、分析，开展敲门行动，进行座谈商洽，将周边金融资源、博物馆资源作为首期属地资源开发课程的载体，开设了“财商课程”“财商进阶课程”“民族宫博物馆课程”等属地资源课程，在课后服务时段采用“专家请进来，学生走出去”的模式，丰富了学生的学习空间和交往方式。同时，充分借力属地的中学集团资源，以及距离近、教师优、能贯通的优势，在四年级、五年级开设“数理思维”“人工智能”“科学实践”“人文国学”等课程，由实验中学的教师进行授课。在六年级开设了普适型的衔接课程，包括语文、数学、英语三个学科，由学校教师授课。除学科课程外，还设置了“中学生活指导”课程模块，此课程模块在第一学期以学长制教学方式推进，请升入集团校中学的毕业生进行中学生活介绍。学校开设“百行家长讲堂”，通过家长委员会发布“课后服务招募书”，了解家长的授课意愿、专长方向、课程特色、实施方式等，通过反复沟通，“财商课程”“种植课”“体能课”“创意卡通”等课程如期实施，给学生打开一扇扇了解社会的窗口，同时也增强了家委会功能。

3. 建设融入社区的学校

家校社关系的理想境界是实现三者的共融。中关村三小在这方面做出了引领性探索。中关村三小的理念是：学校存在于社区中，是社区的

学习中心，学校要成为学习生态的营造者。学校的这一理念在主体建筑中就有所体现：为了方便社区居民出行、接送孩子，学校的校门口采用“凹”字形的广场设计，主动从建筑红线内退 10 米让出一个缓冲地带。学校立足教育使命构建社会服务网络，通过多路径实现教育价值延展：创设周末公益艺术课程与图书馆服务，打造普惠性教育空间；推进“好老师进社区”行动，通过线下咨询与线上直播传播科学育儿理念；每周六晚 8 点官微“被窝夜读”专栏持续陪伴家庭成长；设立覆盖 15 个社区的信息联络中心，成为学校与社区声音传递的枢纽；通过“邻家孩子”项目向周边学校开放场馆课程与社团资源，推动跨校际、跨年龄的协作学习。通过“空间开放—专业共享—社区联动”的实践体系使学校教育与社区、社会更紧密融合。

（五）集团化治理变革：引领辐射交互共生

集团化办学正在走上制度化、规范化、法治化的道路，由单体学校的管理走向集团化治理，探索并建立一种适合各校区和谐共生的发展秩序与规则，从而实现教育高位、优质、均衡发展的更大效益。

1. 体系建构厘清权责关系

集团化治理要先解决集而不团的问题，通过重新建立组织体系，树立统一治理理念，发挥每所学校、每个部门在集团中不可替代的作用，在新的权责关系中实现分工协作、共同发展，产生集体合力。东风小学教育集团依托“集中决策、分工协作、规范操作”的治理理念，创新性地构建了横纵交织的治理架构。突出了党的“集中决策”作用，以党总支为集团决策机构，对“三重一大”等集团重大事项作出最终决策。同时，把党组织建在集团教育教学管理全业务链上，设置组织委员、宣传委员、纪检委员、青年委员，对集团人事、特色发展、教育教学、共青团和少先队等集团重要发展工作进行督导，对行政服务中心、课程教研中心、教师发展中心、学生成长中心进行监管。在此基础上，成立教代会，为广大教职员工参与集团事务开辟通道，对集团重大事项决策进行民主审议；成立专家委员会，为集团重大事项的决策提供预案或建议。

在管理层面，形成了横纵交织、条块结合的管理网络。成立四大业务中心，将各校区课程教研、教师发展、学生成长、行政服务等关键业务横向打通，以“分工协作”理念为引领，各校区校长既按其所长对集团关键业务进行横向管理，又对各校区日常行政事务进行纵向管理，四个中心通过集团校务会商讨与集团关键业务相关的重点工作和问题。史家教育集团初步确立了“条块并举、纵横贯通、统分结合”的治理方略，确立学校治理的基本原则。“条块并举”指各集团校长不仅需对分管条块负第一责任，而且需在服务中引领各自校区管理板块的发展，内化集团标准，外化集团品质。“纵横贯通”指各集团校长牵头的纵向管理层级在年级层面打破条块分割，实现横向协同，即各集团校长分别下沉到一个集团年级组，深入服务一线工作；“统分结合”指集团在全局规划方面有“统”率力，各校区“分”别保留教育特色及其执行的灵活性，为各项工作的共治、久治和善治提供保障。

2. 统一基础上的个性发展

集团化办学始终坚持“统一＋个性”的发展原则，在行动方式上一方面确保优质资源共享，另一方面确保尊重每所学校的特点，支持它们办出特色。中关村第一小学教育集团坚持“一个标准、一套制度、一种文化”的集团化办学原则。在集团一体式发展过程中，秉承“五个坚持”。第一，坚持尊重差异，管理一体。尊重学生差异、家长差异、教师差异，尊重区域文化差异。第二，坚持资源共享，多项同步。开发利用中关村一小智库，实现课程、课题等多项同步。第三，坚持研修联动，赋能教师。通过干部与骨干教师轮岗、跨校区联动研修、协同备课等方式，帮助教师找到专业发展成长点，突破教师发展瓶颈。第四，坚持价值认同，文化引领。第五，坚持聚焦提质增效，关注实际获得。针对“各部门、各校区基础不一样，如何创新性地提升集团化管理水平”的问题，翠微小学教育集团基于“规范—精细—个性”三层发展要求，在共性与个性的递进统一中加强集团化建设。它强调在学校核心价值理念的基础上，有学校整体的管理制度体系、统一的质量标准，同时各部门、分校形成自身发展优势、特色和个性化品牌。针对“校区教育和教学水平差异大，如何常态化地提升质量”的问题，翠微小学教育集团提出优质资源的分享转化策略：根据德育、教学、科研等多种业务模块进行分类，建立网络优质资源库。资源分享采用现场交流、电子平台等多种方式，效果包括现场视听、实际运用、转换创造等不同层级。

第三节　学校内部治理变革的趋势、问题与未来发展建议

一、学校治理变革主要进展与趋势

通过案例经验可以看出，目前中小学学校治理结构和治理能力的进展与趋势主要体现在以下三个方面。

（一）集中领导下的多主体参与更加多元

一方面，党组织在学校治理中的核心引领作用持续强化，其职责体系涵盖政治引领、战略决策、人才建设等核心治理维度。另一方面，各校也十分注重多主体参与、科学决策、民主管理，积极成立以资深教师、普通教师代表、家长代表、教育专家、学生代表为成员的咨询、议事、决策机构，对学校重大事项和专业事项进行协商讨论，广泛吸收意见、建议。特别是对于专业事项，学术审议决策赋权力度增强，很多学校成立学术委员会，确保专业的人决定专业的事。甚至有些学校还增加了学生参与课程建设的实践，从课程设置、实施、评价、管理等多方面推动了学生的深度参与。可见，教育管理主体的多元化成为明显特征。

（二）组织结构专业性增强

长期以来，准公共产品的性质使学校组织结构同时具有行政和专业的双重属性，随着办学自主权的逐渐下放，学校在教育教学、文化建设等方面的自主空间增大，针对独立办学主体的专业性要求不断加强，这推动了学校组织部门设置的变化。从各校实践来看，学校普遍比较重视

根据教育教学发展的新需要，重新进行学校组织结构设计，调整学校功能分布，形成更具时代特点的组织结构体系。最突出的是学校部门设置呈现专业化、多样化、特色化趋势，课程与学生发展相关部门成为各校重点建设的专业部门，学校规划、品牌发展、专业研发、督导评价等职能部门的成立使学校专业职能更为清晰和深化。同时，一些学校根据办学特色设立了创新人才培养、国际合作交流等部门。学校部门设立进一步淡化行政管理，凸显专业地位。同时，专业部门的划分更加重视学生发展的整体性，减少了教学与德育之间的分割，强化了课程统整下教育教学的融合以及学科之间的沟通联结。

（三）部门间基于任务目标导向的耦合

理论上，学校各部门层级间的耦合有两种模式，一种是松散耦合，强调了各部门层级的相对独立性；另一种是紧密耦合，强调了各部门层级对业务的纵向管理，重视决策与执行的紧密联结。随着学校职能部门专业化的设置，各部门之间的联系也不仅仅是自上而下的按命令执行，而是呈现出网状关联结构，形成不同于松散或紧密的新的混合式耦合。学校现有的部门多是根据业务职能而不是育人内容或行政功能进行划分，由此推进了部门之间的协调与配合。这种协调与配合不是平行拼接，而是交互支撑，比如，针对学生发展领域某一内容进行规划设计、课程研发、教学落实、专题深研、成效评估、资源拓展、宣传展示等，就需要不同部门基于具体任务进行深度协同。为了促进和保障部门之前的协调配合，学校往往对领导干部进行条块双线排布，领导干部兼管某一领域业务和某一群体发展，以确保领导干部层面的调控力度。同时，除校内各部门之间的合作外，近年来，学校与家长、社会机构之间的协作也日渐紧密，基于集团、学区等的跨学校联合机会迅速增多，多种校外资源根据学校育人目标与系统设计有机整合，形成更加丰富多元的育人生态。

二、学校治理存在的主要问题

学校治理是一个相对较新的探索领域，中国语境下的学校治理又有其自身特点，因此在细化、深化实践机制等方面存在问题，需要扭转路径依赖、更新思路策略，具体问题如下。

（一）权力边界不够清晰，议事规则需要明确

多主体参与是现代治理的重要特征，但简单的“多”并不是治理的核心意图，更主要的是“责”。“责”的落实需要法治化保障，即明确规定不同主体的权力与职责，同时将不同主体的议事规则规范化、制度化，特别是党组织和校长，学校、家庭和社会等。目前，学校多在实践探索阶段，重在先做起来，因此对多元治理的界定与相关规则的建设相对还不够完善，这可能导致权力真空、权力交叉、人员重复、凭情感参与等问题。

（二）年级层面实现综合育人的同时也产生责任堆积问题

很多学校在治理体系建设过程中都将年级组作为整合后的组织单位，综合发挥管理与育人功能。一方面这一形式有助于从人的全面发展出发落实各项要求，但另一方面也可能造成责任的堆积，加重教师负担，毕竟所有落实最终靠教师，特别是班主任完成。因此，年级组层面如何整合协调资源、有效使用技术、实现合理分工，是确保教师权益、创新治理方略、提升实践效能的关键所在。特别是在“双减”、课后服务、新课标落实等相关现实政策下，年级组层面如何实现治理突破与创新还有待深入探索。

（三）治理中监督评价反馈机制相对薄弱

无论是传统管理还是现代治理，都是一个“计划—实施—反馈—改进”的螺旋上升系统。目前，在学校治理过程中，有关计划、实施环节的思考与实践相对较多，而有关反馈环节的思考与实践相对较少，虽然有一定的反馈机制，但是对未来改进的影响作用不够明显。第四代教育

评价理论强调协商式评价，协商的目的是发现更加有效的问题解决策略。学校治理中需要基于实践过程和结果的对话协商，不仅仅是简单的总结、汇报或者打分，更重要的是通过对话协商推动学校治理能力的不断提升。

（四）治理主体的权责一致性不能有效保障

在多主体参与的治理中，学校普遍对参与主体的责任要求较多，而对其权力和利益的保障相对不足。特别是教师群体，责任增加，但是获得的权益保障有限，专业自主权力较小。对教师采取权威型管理方式的现象依然比较严重，重在要求与执行，而不是对话与共识。

三、学校治理发展建议

（一）加强治理机制建设

首先，推进落实党组织领导下的校长负责制，理顺党政关系，建立高效的分工体系与议事规则。其次，完善科学、专业、民主的决策机制、参与机制、评价激励机制、监督反馈机制，从权责、流程、制度、规则等方面对治理机制进行优化与规范。最后，从尊重专业、尊重人才的角度出发，进行治理机制创新，以便实现善治，提升组织活力和组织效能。

（二）加强法治化建设

法治化是学校治理的重要保障。对于学校来说，除了落实国家教育政策、法规，内部治理也需要进一步提高法治化水平。内部治理法治化是学校场域中阐明价值导向、明确要求、建构体系的综合体现。在理论层面，学校要秉持治理理念，借鉴已有理论，进行校本化治理与顶层设计。在制度层面，通过学校章程等文本明确职责分配、权限范围、治理主体及其相互之间的关系、各治理主体介入的广度与深度、权益诉求平衡等，规范和保障学校治理。在实践层面，明确共同愿景、阶段目标、具体任务，不断固化实践经验，形成基本规范与标准，使共治具有明确指向。

（三）加强各主体治理能力建设

治理能力是教师等主体从“工具人”向“社会人”转变的新的能力要求。各个主体治理能力的提高决定着学校治理水平可能达到的高度。学校应根据治理的需要，对不同治理主体的理论认知力、信息整合力、统筹协调力、协商决策力、教育领导力、实践执行力等进行有针对性的培养和引导。同时，也可以开发多种工具，采用多种方法，为治理主体提升治理能力提供支持。不同参与主体也可以结合自身的角色定位，在参与共治的过程中有选择地提高自身的治理能力。

（四）加强学校基层组织治理研究

学校治理的最终效果体现在教育教学中，教育教学的水平和成效是治理效能的集中体现。因此，要对年级组、教研组、项目组等学校基层组织的治理方式进行深度探索，以激发活力、减少负担、提高效能为目标，研究教师之间的协作方式、教师的赋权范围、有效的激励评价制度等。

第七章

教学管理体系升级：筑牢办学活力的质量基石

教与学是学校最核心的活动。教学管理是运用管理科学和教学论的原理与方法，充分发挥计划、组织、协调、控制等管理职能，对教学过程中的各要素加以统筹，使之有序运行、提高效能的过程。教学管理涉及教学计划管理、教学组织管理、教学质量管理等基本环节。随着教育理论、管理理论以及整个社会发展的演进，教学管理的理念、内容、方式在不同社会形态、不同历史时期中也体现出不同特征，教学管理始终为促使学校教育实现当下阶段的办学目标而服务。只有清晰把握学校教育所处时代背景及其提出的内涵要求，才能准确定位教学管理变革方向与着力点，推动教学管理发展和育人质量提升。

第一节　近十年教学管理相关政策分析

教育政策是执政主体基于国家发展战略与根本方针，为实现特定历史阶段教育现代化目标而制定的系统性制度安排与行动规范，它为教学管理提供了导向、要求和依据。随着新发展理念的提出，一系列教育政策不断更新出台，引导着教育管理的方向。对近十年涉及教学管理的相关教育政策文件进行分析，可以看出新时代教学管理的基本导向和发展空间。为此，对 2012 年 1 月至 2022 年 4 月党中央、教育部及其他国家行政部门印发的 34 份与基础教育教学管理相关的政策文件进行了梳理。通过文本分析和政策工具分析，得出以下结论。

一、管理理念上对人的关注逐渐加深

教学管理需要有明确的理念和目标，教育政策对教学管理理念和目标具有直接的导向作用。近十年的教育政策文件在目标和理念方面体现出高度的时代性和发展性，具体表现为对“人”的高度重视以及对“人”

的内涵的丰富界定。

2012 年 11 月 8 日，中国共产党第十八次全国代表大会首次提出“把立德树人作为教育的根本任务”，并提出“努力办好人民满意的教育”，此后对“人”的关注成为教育政策理念的核心，“立德树人”成为制定教育教学政策的目标导向。“人”在教育政策中出现的频率不断增加，具体内涵不断深化。

以不同阶段课程教学改革文件首段中“人”的出现频次为例。2010 年文件开篇出现 1 次“人力资源”。2014 年，文件出现了 4 个与“人”有关的词汇：立德树人，人才培养，综合育人，各级各类学生；2019 年，文件出现了 2 个与“人”有关的词汇：少年儿童、人民满意。可以看出，数量上，12 年后政策首段中“人”的出现频次增多，而且多数指向学生和人民等政策服务与保障的对象，而不是将人作为生产力。

“人民中心”的立场随着政策文件的丰富被不断具体化，几个代表性文件逐步深入地阐明“人民”的内涵。2014 年，教育部印发的《关于全面深化课程改革落实立德树人根本任务的意见》定位于“立德树人”“每个学生都能成为有用之才”。2019 年，中共中央、国务院印发的《关于深化教育教学改革全面提高义务教育质量的意见》增加了“凝聚人心、完善人格、开发人力、培育人才、造福人民”的目标，指出要发展素质教育，培养德智体美劳全面发展的社会主义建设者和接班人，同时提出坚持面向全体，教好每名学生，让学生成为生活和学习的主人。可见，该文件将学生现状与未来发展有机连接，注重纵向发展的人。2021 年，中共中央办公厅、国务院办公厅印发的《关于进一步减轻义务教育阶段学生作业负担和校外培训负担的意见》中明确要求要坚决防止侵害群众利益的行为，有效缓解家长焦虑情绪，促进学生全面发展、健康成长，将群众、家长、学生作为政策服务对象，使“人”的组成更为完整。

在教学管理中，“人本立场”和“人民中心”明显成为一切工作开展的出发点和落脚点。

二、教育教学中对创新探索的要求不断具体细化

教育教学政策的主要内容是关于教育教学活动如何开展，涉及教学管理活动开展的依据、规范、标准、导向，同时因为政策到实施之间还需要相应的转化机制，所以也涉及具体教学管理工作的开展空间。

整体来看，近十年教学管理政策呈现出越来越密集、细化的趋势。如图 7-1 所示，2018 年以后，基础教育教学相关指导文件明显增多，2019 年为近十年最高峰，全面性、中观性、具体性三类文件发文量都处于高值。而且 2018 年以后，具体性文件的数量较前期有较大幅度提升。这反映出教育管理法治化、标准化的进程。

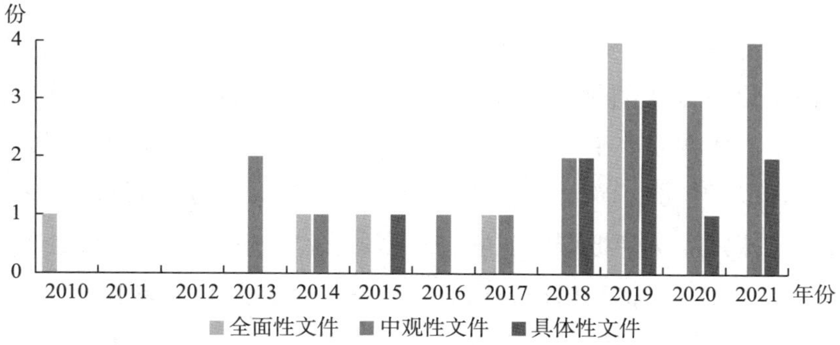

图 7-1　2010—2021 年教学管理政策发文情况

麦克唐奈和艾莫尔根据政策工具的目标，将政策工具分为命令型政策工具、激励型政策工具、能力建设型政策工具、系统变迁型政策工具。其中，命令型政策工具的强制性最强。近年来，不仅具体领域的政策文件增多，在政策工具方面，命令型政策工具的使用比例也有所增大。例如，2019 年以来的文件中，全面性文件《关于深化教育教学改革全面提高义务教育质量的意见》的“加强教学管理”部分，全部内容均为命令型政策工具；中观性文件《关于进一步激发中小学办学活力的若干意见》的“保障学校办学自主权”部分，有 5 处使用了命令型政策工具，4 处使用了激励型政策工具；具体性文件《关于进一步减轻义务教育阶段学生作业负担和校外培训负担的意见》关于“作业”“课后服务”“教学质量”

的部分，共有31处使用了命令型政策工具，8处使用了激励型政策工具，1处使用了能力建设型政策工具。

与政策发布密度和命令型政策工具密度的增加相一致，政策文本中关于教学管理自主创新空间的规定也逐渐细化。2014年教育部印发的《关于全面深化课程改革落实立德树人根本任务的意见》共有6处明确提及学校可以进一步探索的内容：①各地启动实施一批教学改革项目，激发学校和教师创新育人的方式方法；②创新管理机制，支持和鼓励学校聘用社会专业人士担任兼职教师或来校挂职；③开展关于学习的基础研究、关于教学的应用研究、关于社会主义核心价值观进头脑的专题研究；④改革教研机制，创新教研方式；⑤采取多种方式，构建利用信息化手段扩大优质教育资源覆盖面的有效机制；⑥进一步落实学校在进度安排、教学方式运用和教学评价实施等方面的自主权。可见，文件所倡导的创新点都是比较笼统的领域方面，表达了对学校发挥专业自主权的鼓励，但是对于具体在哪些举措上发力并没有过多说明。而2019年中共中央、国务院印发的《关于深化教育教学改革全面提高义务教育质量的意见》就将学校探索点落到把课堂教学与社区服务、研究性学习与社会实践相结合的途径和方法；利用科技馆、博物馆等社会公共资源进行育人的有效途径；基于学科的课程综合化教学，开展研究型、项目化、合作式学习；弹性作业和跨学科作业等十分具体的教育途径和举措上。2019年中共中央、国务院印发的《深化新时代教育评价改革总体方案》对中小学评价改革的创新探索点给出了至少7处细致具体的建议。

除上述具体建议外，随着更多、更细化政策规定的颁布，教学管理因校治宜推动政策创造性转化落地的任务也更加繁多而艰巨，因此，可以理解为教育政策中对学校创新探索部分的显性规定已发展为政策任务带来的隐性的创新探索需求。这种需求一方面促进了学校专业性的提升，另一方面也使学校陷入多头攻坚的焦虑。

三、教师专业发展面临综合化、精准化的新要求

海林杰和墨菲把校长的教学管理分为三个维度，第一维度是“确定

学校任务”，第二维度是“管理教学系统”，第三维度是“促进积极的学习氛围”。[①] 教学管理理念和教学与管理创新分别属于第一和第二维度，而第三维度的重点则是教师专业发展和激励。这是保证教学探索动力和教学专业性的重要管理内容。

从教师专业发展内容来看，各种教育政策对教师提出了一系列的新要求和挑战，其中最突出的有三个方面。

第一，师德师风。多份文件提出，坚持把师德师风作为第一标准，推动师德师风建设常态化、长效化；以提升师德修养、育人意识和能力为目的，组织开展教师培训与研修。

第二，综合育人能力与方法。例如，学科综合育人功能开发；组织开展研究型、项目化、合作式学习；把课堂教学与社区服务、研究性学习与社会实践相结合；利用科技馆、博物馆等社会公共资源进行育人；家校共育；学生、家长、教师以及社区等参与评价等。

第三，个性化教育指导能力。例如，精准分析学情，实施差异化指导；对每个学生进行学业述评；个性化作业设计；满足学生多样化学习需求；对有困难的学生进行辅导与答疑，为学有余力的学生拓展学习空间；家访；过程性评价与发展性评价等。特别是后两个方面，是新时期高质量教育对教师提出的更进一步的要求。

教师的专业发展需要相应的保障、支持与激励。从政策文件看，对教师发展的保障基本体现在依法保障教师权益和待遇方面。对教师专业发展的支持基本体现在优化教师资源配置、加强教师培训和教研、吸纳校外优质资源进行协同推进三个方面。对教师的激励体现在开展优秀教师和教学成果评选、总结推广优秀成果、进行表彰和奖励三个方面。应该说，上述都是促进教师发展必不可少的举措，但是，也应看到，作为具有“专业自主性”和“专业自主权”的教师，面对教育政策中多种的隐性和显性的新挑战、新要求，其除了需要基本权益保障以及学习机会、

① 王红，陈纯槿．美国教育领导力评价研究三十年：回顾与启示［J］．比较教育研究，2012，34（1）：55-58+77.

表彰奖励等，还需要一种适合潜心钻研教学业务的生态场域，使之保持冷静、专注、活跃的专业思维，在成就需要、权利需要和合群需要的不断满足中获得发展动力。

第二节　新时代高质量要求下教学管理二重性的价值定位

学校通过开展教学活动实现育人职能，教学管理的任务就是对育人活动过程及相关因素进行计划、组织、协调，在这一过程中体现出重事与重人、稳定与变革、共性与个性、控制与自由、边界与联系等方面的“二重性”。教学管理二重性的任何一方面都是不可缺少的价值追求，但是两者之间的平衡关系不是一成不变的，而是要根据教育发展的大背景进行动态调整。从新时代学校高质量发展的五个特征来看，需要重新对教学管理二重性进行定位。

一、目标定位：“人”导向下的做事

人和事是教学管理的两大内容。以“人”为导向的管理以“需求”为起点，将人的发展作为评判依据，强调管理中人的内驱力的调动，通过多种方法促使人主动而自觉地向管理目标迈进。以“事”为导向的管理以“要求”为起点，侧重对任务过程的监控和绩效指标的达成，强调通过政策、制度调控管理要素，为既定目标的达成凝聚力量、提供有效行为支持和保障。

教育是关于人的事业，“人民满意的教育”是以人民的发展福祉为中心的教育。对教育的满意，来自教育过程中的获得感，而获得感是人的主观感受，只有教育在个人身上产生了效果，并且这种效果被个人察觉到，个人才可能产生获得感，提高满意度。因此，新时代高质量教育中的教学管理要以促进人的积极主动发展为根本追求，把人的发展放在最突出的位置，使人的发展显性化、中心化，在人的发展需求之下思考教学活动等事务的要求，对考试、作业、活动、评价、教研、减负等所有

具体工作进行的计划、组织、协调都直接服从、服务于人的发展的具体目标。其中，人的发展既包括学生核心素养的整体培育，也包括教师专业素养的全面提升，特别是学生和教师寻求成长的内在动机以及方法习惯。"人"导向下的做事是高质量教学管理的价值基础。

二、发展路径：创新促动下的秩序

创新包括探索、优化、差异、否定等多方面内容，代表着对进一步发展的追求与努力。在教学管理中，虽然创新成果的取得具有一定难度，也不可能随时发生，但是创新的思维和意识却可以成为一个组织的工作"法宝"和专业文化。常规秩序是一个组织稳定运转的基本保障，秩序使得组织经验有效传承，可以给人以安全感、适从感。规则、标准等都是管理在常规秩序方面的表现。

教学管理的首要职责就是落实政策要求，维护良好的教学秩序，这点无可厚非。但同时也应看到，在社会主义现代化建设的新时代，在多种政策文件以及规范督导等的推动下，学校教育在秩序维护上已经达到了较高的水平，秩序问题已不是教学管理的最主要矛盾。反而是面对高质量教育的新任务，学校需要发现更多的改进点，并且寻找有效的方法，这是对创新的要求。创新是学校发展的首要动力，也是学校育人能力与时代发展相适应的专业能力的体现。教学管理要加强对创新的重视，倡导将教学作为一种创造性的实践，不墨守成规、机械执教，逐渐形成以创新为动力的专业视角，审视现有教学常规秩序，在现有常规秩序上进行调整优化，将新的有效尝试转化为下一步的常规秩序，在创新与常规秩序的转化中实现管理效能和育人水平的持续提升。

三、关键突破：群体之中的差异

自班级授课制实施以来，集体与共性就是教学管理的首要着眼点，教学管理以国家标准和不同年级学生的共性特征和平均（或基本）水平为依据，制订教学计划、推进教学过程、进行教学评价，同样，教师发展也是按照相应的专业阶段进行研修内容匹配。同时也应看到，无论是学生还是教师，其个性心理和行为方式都体现出多样性和丰富性，对这些个性特征和行为方式的关照与回应更加贴合每个人的最近发展区，更符合每个人的认知风格，进而可以激发出更大的发展潜力和热情。

在建设高质量学校的过程中，公平特征很重要的一点就是每个人能够对其教育获得感表示满意，这就要求教学管理不仅着眼于整体，还要进一步关注教师和学生的个性特征，鼓励每个人发现适合自己的发展路径，给予每个人适切的发展支持，让每个人都能感受到来自学校的帮助和关爱，能够体会到获得发展成就的幸福感。从另一角度来说，因材施教这一教育原则只有在个性关照不断深化的过程中才能得以更加有效的体现，才能推动教育精准度的提升，进而促进教育水平的提高。在个性关照下，学校师生的组织方式可能呈现出与原有年级、组别不同的架构，形成基于个性特征的新的学校群体。

四、长效机制：放权激励下的调控

控制是经典管理学中最重要的管理行为之一，它是与计划相互配合的管理方式，通过标准、评估、规范、培训等控制手段，确保各要素围绕既定目标推进计划，减少偏差和阻滞，是提高组织效率的重要手段，一般是由管理中心或专门部门来实施。放权意味将组织中集中的权力部分分解到基层组织和个人，给予基层组织和个人更多判断、选择、调整行为的自由度，基层组织和个人相应地也要承担更多责任。

基于高质量学校的教育特征，教学需要根据学生、班级、学科等个性情况进行不断改进的创新探索，师生之所以愿意并能够进行创新探索，是因为具备以下组织条件。首先，师生要意识到探索和改进对自身价值发挥的重要意义，形成内驱力。其次，师生要有一定的自由空间，正如哈耶克所说，“自由……表示我们的行动没有某种‘特殊障碍’——他人的强制。自由并不确保我们拥有特定的机会，它只是使我们有可能根据我们所处的环境去决定做什么。它能让我们自己决定如何利用我们自己发现的机会”。[①] 最后，师生可以向学校申请相应的支持。这一放权过程通过满足师生尊重与自我实现的高层次需求而对其产生激励作用，学校在给予其精神、物质、制度等方面的支持时加入了一定的调控，将全靠车头带动的“火车模式”转变为各自发力的“动车模式”。

五、核心思路：系统关联的架构

学校是一个系统，由年级、学科、班级等多个子系统组成，每个子系统有自己的特点和规律，平时自行运转；不同子系统可共同作用于学生，进而形成学校整体教育风貌。一方面，学科特点和学段特点决定教学管理要关注不同对象之间的差异性，不能一概而论，以便保障教师在自己的执教领域向纵深发展；另一方面，育人的整体性决定了教学管理要搭建子系统之间沟通交流的平台，以便形成育人合力。

人的发展是各个时代教育的共同追求，但对于“人”的理解各有不同。新时代的教育对“人”有着更为全面、系统、社会化的认识，就教育发展要以凝聚人心、完善人格、开发人力、培育人才、造福人民为工作目标而言，人心、人格、人力、人才、人民这五个维度既包含着内在的精神维度，也包含着现实的客观维度；既包含着个体成长的维度，也包含着社会发展的维度；既包含着政治认同的维度，也包含着经济社会贡献的维度。这五个维度共同着眼于人，是系统有机的统一整体[②]，为了培养整体的人，教学管理也要在育人的整体化上向前迈进。从教学目标、教学内容、教学时空、教学主体等方面体现出更多的关联性，特别是在学科之间、学段之间、家校社之间强化教学的整体性，使学生在建构的真实复杂环境中发现学习对于生活的意义和价值，进而增强学习动机，实现积极、主动、持续的成长。在相互关联的广阔场域中，学生素养的统摄力与整合性、迁移力与适应性、影响力与建构性得以发展。因此，

---

① ［英］弗里德里希·奥古斯特·哈耶克. 自由宪章［M］. 杨玉生，冯兴元，陈茅，等，译. 北京：中国社会科学出版社，1999：40.

② 庞立生. 习近平关于教育使命的新定位、新认识与新要求［J］. 东北师大学报（哲学社会科学版），2021（1）：10-15.

各教学子系统的边界不是截然分化，而是相互衔接和交织。

第三节　教学管理改进方向与建议

教学管理要建立“人民满意”的绩效观，从学生实际获得的角度，而不是从教育教学供给的角度进行工作目标、规划设计和教学效果的评价，优化教育教学过程，促进师生主动发展。具体来说，就是实现教学管理的五化。

一、落实标准化

学校教育是国家教育意志的集中体现，因此，教学管理要认真落实党和国家教育方针和政策，确保教育教学的正确方向。面对国家高度重视基础教育、不断加强教育引导和规范的趋势，教学管理要提高政策意识，设立专门渠道第一时间传达相关教育政策。建立能够切实指导全校教师教育教学工作的教学规范系统，包括教学规程、教育标准等，并及时根据新要求、新规范、新标准补充完善该系统，保持学校教学管理的贯通性和发展性，避免碎片化管理、应付性管理。赋予教学规范系统多种呈现形式，使之切实发挥对教师行为的指导规范作用，使教师自动向学校的要求看齐。同时，定期开展多种形式的教学规范系统学习与检视，并及时共享系统使用过程中的典型经验。以教学规范系统建设为抓手，把国家教育政策、课程标准和学校教学管理紧密结合，形成一定时期内的稳定秩序，确保教师开展教学活动方向清晰、标准明确、要点突出。

二、加强自主化

教师是知识型员工，教师专业能力的创造性发挥是影响教学质量高低的关键因素。而教师专业能力的激发依赖于教师个人知识占有量、自主性、自我效能感以及组织认同、组织支持感、适当的工作压力、人际关系等因素，因此，要建立有助于教师专业创造力的组织环境。采取逆向管理方式，领导者负责明确方向和目标，具体过程与方法由教师个人或组团进行自主性探索，并定期交流成败经验，在讨论合议中优化成功经验，开展组织学习与分享，部分经验可上升为学校集体成果。在探索过程中，学校根据教师的需求，提供财力、物力、时间、经费、专家资源等支持。这一过程给予教师探索空间，也给予教师根据个人情况选择任务与路径的灵活性，教师在其成果分享展示中获得自我效能感、专业信任感，缩短了教师之间、教师与领导之间的心理距离，进而强化了教师的专业意识和主动性。因为学校同一时间有可能面对不同的挑战性任务，所以教师分专题组进行任务攻坚也在一定程度上减轻了学校整体工作压力，打破了管理层任务积压的瓶颈，提升了教师队伍的整体活力。同时，学校也要进一步研究教师弹性工作的具体做法，采取选派志愿者、校际共享等方式丰富教师资源，减轻教师工作负担。

三、促进联结化

高质量的教学管理要促进各要素之间的联结，以便提升育人的整体效果。首先是教育主体的联结化，打破原有界限，形成教师之间、师生之间、教师家长之间、学校家庭社会之间等多个教育主体之间的协作，特别是使学生、家长、社会在教学活动中发挥更大的主体性作用，承担相应教育责任。其次是教育内容之间的联结化，从五育并举到五育融合，通过跨学科教研实现教学目标与内容的相互补充、支持与渗透，提高课程育人效果和效率。最后是各学段、课前—课中—课后、上课—作业—考试评价、学习—实践等环节的联结化，使学习成为一个完整的过程，为由知识到素养的转化提供充足的情境空间和任务驱动。此外，还有学生发展评价的综合化，从德智体美劳各方面、过程与结果各节点对学生进行全面评价，增加学习述评，对学生发展整体情况进行画像。联结化对原有教学习惯提出了较大挑战，教学管理中要帮助教师打破思想壁垒，建立整体设计的系统观，增加多元主体参与的教研活动，从素养培养需要和学生收获体验两个角度出发，从自关联、横关联、纵关联、外关联等多角度拓展教育教学内容，为学生提供更丰富的学习资源。

四、力求精准化

因材施教是教育的一贯法则，随着教育水平的提高，因材施教的精准性也在不断提高。随着科学技术的发展，人们对认知发展规律有了进一步的发现，教学管理中，要及时为教师了解、学习、掌握最新理论和技术研究成果提供支持，使因材施教建立在更加科学的理论基础和更加先进的技术支撑之上。加强教师的理论更新，避免教育教学只是陷于狭隘的经验行动之中。提升学情诊断分析水平，和高校合作开发学生学习测评工具；重视与学生开展基于学习结果的深度对话，完善作业评价和过程性评价指标；及时掌握学生学习动态，了解学生思维风格、个性特点；根据学生情况，通过分层目标、分组任务、弹性作业等多种方式进行差异化教学，使每个学生在自己的"最近发展区"内获得提升。通过选课走班、社团活动、课后服务等机会，为学生提供更具针对性的学习机会。但是这种提供以学生兴趣和需求为主，为学生个人发展提供平台，而不是出于学校绩效考虑对学生进行筛选和强制。

五、推动信息化

信息化是当下这个时代最典型的特征，信息技术改变着世界的运行方式。教学管理要适应信息化这一社会特点，大力发挥信息技术在教学管理中的作用，将信息化管理作为教学管理的重要内容。在效率方面，通过信息化平台减少行政事务耗时，将更多时间留给主要业务；在研究方面，通过信息化手段记录教师、学生发展动态，对提取后的数据进行多元分析，为教学循证提供支持；在教学方面，通过信息化途径实现多时空交互学习，扩展课堂边界，创新教学过程；在资源方面，通过信息化平台承载校内外不同类型多种教学资源，便于查阅使用。

第八章

教师社交网络优化：激活办学活力的内在动力

激发中小学办学活力是学校高质量发展的重要条件，教师是学校中最活跃的因素，教师队伍活力的激发直接关系到学校的活力水平。2020年9月，教育部等八部门联合发布的《关于进一步激发中小学办学活力的若干意见》要求中小学要充分激发广大校长教师教书育人的积极性、创造性，形成师生才智充分涌流、学校活力竞相迸发的良好局面。2022年4月，教育部等八部门印发的《新时代基础教育强师计划》提出"深化精准培训改革"，要求以精准培训助力培养造就高素质、专业化、创新型中小学教师队伍。

已有文献更多的是从"专业人"的视角研究教师活力激发问题，提出基于教师个体发展的需要，通过提升工作满意度、关切身心健康、推进民主化治理①、重建教育理念、完善成长路径、优化评价体系②等举措提升教师活力，这些成果很好地指出了提升教师活力的路径。但是，学校中不同教师自身的活力情况存在差别，当学校需要激发教师活力时，不仅意味着要营造有利于所有教师活力释放的组织环境和组织机制，还要有效识别需要重点激发活力的群体和个人，这样才能做到有的放矢。因此，本研究提出从"关系人"的视角出发，通过抓住教师社交关系中的关键环节和关键节点，对其中涉及的教师活力状况进行判断，发现需要提升活力的教师群体和个体，有针对性地对其进行活力激发。

---

① 赵德成，曹宗清，张颖怡．教师活力表现及影响因素：基于区域性大规模样本的多水平分析[J]．教育学报，2022，18（6）：101-116.

② 王爽．激发教师活力：点燃学校高质量发展的"绿色引擎"[J]．中小学管理，2021（7）：54-56.

第一节　基于社交关系的教师活力观

教师始终是决定学校教育教学质量最为活跃的、能动的、关键的因素。教师个体、教师行为与教育环境三者交互作用，两两之间互相影响，深刻影响着教师工作的积极性。提升教师的工作活力是一个系统工程，激发教师工作活力需要从多方面考虑。国外相关研究将教师工作活力定义为：教师在课堂以及与学生和同事互动过程中呈现出的精力、能量、激情和愉悦感等。[①] 根据 Shirom 对工作活力的界定，主要包括身体力量（physical strength）、情绪能量（emotional energy）以及认知活跃（cognitive liveliness）三个方面。[②] 教师工作活力是教师在工作场域下与自我以及他者互动的产物，涉及与教师工作相关的校内外管理者、同伴以及学生和家长等。[③]

为提升教师工作活力，20 世纪许多组织理论家探索层级制的种种变化及结果，但现在其更多的兴趣已转向对同伴关系、互动和合作领导的关注[④]。这一变化反映出的对合作体系的兴趣说明复杂网络理论正在产生着越来越大的影响。从复杂网络理论的观点来看，那些身处正式领导岗位的人主要关心的并不是“对过程与结果的控制”，而是关系网以及复杂系统内的互依性和权力的分布，组织成员间最大限度的联结与互依可能带来积极的成长与发展。组织学习理论和分布式认知理论假设，通过社会性的互动和资源的联结，成员个体的现有能力将会获得增强。[⑤] 由此可

---

① CAVNER D. Teacher vital signs：A two-country study of teacher vitality［J］. International christian community of teacher educators journal，2016（1）：1-16.

② SHIROMA. Vigor as a positive affect at work：Conceptualizing vigor，its relations with related constructs and it santecedent sand consequences［J］. Review of generalpsychology，2011，15（1）：50-64.

③ 马云，张晓峰. 教师工作活力的影响因素与形成机制——基于1143位初中教师自陈语句的质性分析［J］. 教师教育研究，2023，35（5）：51-59.

④ HECKSCHER R.The distributiong leadership and power in school［J］. British journal of sociologu of educaiton，26（2）：253-267.

⑤［英］阿尔玛·哈里斯. 分布式领导——不同的视角［M］. 冯大鸣，译. 上海：上海教育出版社，2010：4.

以看出，教师的活力不能脱离其所在的环境而单独存在，通过教师与教师之间的有效互动，教师个体可以获得情绪改善、认知发展、动力增强，进而产生个体活力，在多个个体的积极交互中，学校的组织活力也得以增强。

本书从群体动力理论出发，对教师群体合作的互动性进行分析，在关注影响教师工作活力因素的基础上，试图从教师社会交往的关系世界中探寻教师群体关系、群体动力、群体学习、群体协调和群体情感的发展情况。现实中，很多学校因为各种原因存在这样一些教师，他们的个体行动与学校组织行为之间缺乏紧密嵌套、融合，所谓激发，就是找到之前没有关注到的潜在的融合可能性并使其发挥更大作用，从而建立更好的学校教师整体社交结构；在面对不合理的“结构性”力量时，管理者要推动教师从消极顺应转变为积极改善与重构，摆脱“不良结构”对个人教学与专业发展的制约，让教师获得发展的积极性、主动性、创造性。

第二节　基于社交网络的教师活力现状调研与分析框架设计

教师社交网络分析旨在通过对教师之间的社交网络关系进行深入研究，以揭示教师间的协同合作、信息交流、情感支撑等现象，了解教师群体的结构特征。在教师社交网络分析中，教师被视为网络中的节点，而教师之间的合作关系、交流关系等则被视为连接节点的边。通过分析这些节点和边的特征，可以挖掘出教师网络中的关键角色、具有影响力的人物以及各种合作关系。

一、教师社交关系调研的内容

从教师工作的情境出发，调研涉及以下三个方面的教师社交关系。

第一，工作关系。以此研究教师与同事基于工作事务接触的情况，进而可以看出教师的协同程度以及哪些教师在工作中处于高关联位置，“高关联”可能与岗位相关，也可能与教师个人活跃度或领导力相关。

第二，咨询关系。以此研究教师工作中实际关注了哪些方面的内容，进而可以看出教师专业发展的领域倾向，发现被信赖、能够影响带动其他人的教师群体。

第三，情感关系。以此研究教师在校内获取情感支撑的情况，进而可以看出教师之间相互影响的深刻程度，即是否从简单的工作关系深化到精神伙伴，同时也可以看出哪些教师对组织具有更强的情感依赖，哪些教师能够成为同事的精神支柱。

二、描述教师社交现状的指标

调研采用问卷形式，询问教师在某一社交行为方面与其他同事产生互动的可能性，用“非常可能”“一般可能”“不可能”表示。基于教师的回答，主要进行两个方面的分析。

（一）网络密度分析

网络密度是网络中边的数量与可能存在的边的数量的比值，它描述的是网络中各个成员之间联系的紧密度，成员之间的联系越紧密，该网络的密度越大，网络密度越大意味着教师之间的合作与交流越频繁，该网络对其中成员的态度、行为等产生的影响越大。通常社交网络密度取值范围为0~1，若网络中各个节点皆存在联系时，网络密度为1，各个节点皆不存在联系时，网络密度为0。

（二）网络中心度分析

网络中心度包括度数中心度、介数中心度、接近中心度，本书主要研究度数中心度。以“入度”表示教师接收的关系，以“出度”表示教师发出的关系，度数中心度能够显著正向预测教师的归属感、融入性、参与性等。高度数中心度的教师处于群体社交关系网络的中心位置，意味着该教师在学校网络中拥有多个直接的联系人，即在学校具有较高的影响力和号召力。在此基础上，对于一些小团体，进一步观察了成员间的互惠性，即是否两两之间有比较高频的互动，这种互惠往往意味着更为深入和密切的关系。

三、教师队伍活力分析的维度

结合学校运行的实际情况，选择了五个维度对教师队伍进行基于社交网络的活力情况分析。

（一）教师社交网络整体结构

在社交网络中，密度反映着内部成员之间交往的密切程度，是社交网络的重要结构指标。在不同密度的社交网络中，教师之间在互动频次、情感强度、信息流动速度等方面是存在差异的。通常认为，活力强的组织，其成员关系更加紧密，内部合作行为较多，信息流通较为顺畅，团体工作绩效较为突出。而活力弱、成员关系疏远的组织则常有信息流通不畅、情感支持太少、工作满意度较低等问题。同时，还要进一步观察教师是在哪些关系层面进行交往。工作网络、咨询网络、情感网络反映出教师之间交往关系的逐层加深，工作网络侧重职务行为，咨询网络是在工作基础之上为自我提升、问题解决等而进行的交往，情感网络是基于工作又超越工作的精神层面的交流。但这并不意味着情感网络密度大就是最好的，因为学校的首要任务是教育教学工作，其次是专业发展。因此，情感的沟通不能超越前两者，否则学校就会成为脱离了专业属性的社交场所，容易导致教师之间私人化关系处理不当，滋生不良现象。

（二）领导群体

对于一所学校来说，领导干部群体发挥着核心引领作用。有学者指出，从教育教学的发展变革审视，教师不能满足于成为依照实践规则与逻辑行事的“能动者”，而应成为在积极价值导向下坚持教育内在的善性要求，在自主学习与专业实践反思中不断提升专业能力，在行动中主动改善教育教学现状的专业能动者。①这种专业能动性是教师活力的最充分

① 孟凡丽，魏宝宝．从“能动者”到“专业能动者”——结构化理论视阈下的教师角色重构［J］．双语教育研究，2022，6（1）：27-36+2.

体现。实践中，学校领导者往往也是专业能动者，他们是学校变革发展的最主要推动力量。积极的、团结的、协作的、与普通教师保持紧密正向互动的领导群体是学校活力的重要促进者。反之，领导者之间、领导者与普通教师之间缺乏积极互动，则会导致教师不愿、不敢、不会开拓创新，使学校发展处于停滞不前的状态。

（三）教师群体

教师群体是学校发展的最主要力量，教师群体的活跃度与工作网络密切相关，这主要体现在两个方面：第一，是否进行基于工作效能提升的主动的探讨交流，这是活跃度中的可维持性因素，是为实现既定目标、避免出现问题和干扰而进行的努力；第二，是否具有突破现状、破解问题、优化提升、开拓创新的意识、能力和行动，这是活跃度中的发展性因素，是为了寻求更好的可能而进行的努力。对教师咨询网络进行细分，可以看出教师平时对哪类问题更加关注，进而分析教师活力分布的倾向性。应该说，处理常规教学问题、班级管理与德育问题、主题教科研问题对于教师胜任其工作岗位、做好教书育人工作来说十分重要，需要教师与同伴进行经常性探讨，探讨的频率反映着教师对本职工作认真负责的态度。但常规教学问题、班级管理与德育问题相对来说侧重于一般性工作推进，而主题教科研问题更侧重于对现有工作的提升和突破，对其的处理是在谋求新的生长点，能够在更大程度上激发教师的主动性、创造性，对教师个人、教师群体乃至学校产生更大的影响。

（四）高影响力教师个体

在学校中，除了领导干部因其岗位赋权而对广大教师产生较强影响作用，还存在一些没有任何职务的教师，他们因为工作岗位或者个人特质对很多教师产生着实际的影响。关注并充分引导和发挥这部分教师的影响作用，能够为激发教师活力提供新的着眼点。已有研究普遍认为，领导力就是一个人影响别人的能力，尤其要激励别人实现那些极具挑战性的目标。无论是教师领导力的提出，还是分布式管理在学校的推行，都是在努力激发更多教师的活力，使之发挥对群体、对专业的更大的支撑和带动作用。

（五）边缘性教师个体

不可否认，学校中也会存在着封闭自我、不求发展、不爱参与、不求交流的教师，他们对工作往往采取应付的态度，不求有功但求无过。这些教师不仅自身活力缺失，对于学校整个队伍建设来说也容易产生消极的影响。在社交网络分析中，那些处于网络边缘甚至游离在网络之外的教师需要学校格外关注。

第三节　基于社交网络分析的教师活力激发路径与策略

一、教师社交网络整体结构：教师交往的密度和内容

对于一所学校，首先观察其工作网络密度，如果整体密度较小，说明学校在日常工作中不够重视教师的协同合作，教师缺少交往带来的互促，进而影响组织活力水平。在这种情况下，需要提升分布式管理水平，将更多的公共职责分配到不同的教师群体中，通过公共任务的执行增进教师之间的交流。比如，增设学校某项事务专员，或者设立跨学科、跨年级教师研究团队，以此促进教师之间更多的交往。

其次对学校工作、咨询、情感社交网络的标准化密度进行分析比较。如果工作网络密度远大于其他两个网络密度，则说明该组织成员只关注岗位任务的完成，缺乏成员之间关于情绪纾解等的互相支撑，这是一所传统工厂式的学校，缺少主动发展的组织活力。对于这样的学校，活力激发的路径在于改进教师群体的教研方式，加强教师基于业务工作的研讨交流，进而促进教师情感；同时也要通过党建活动、工会活动促进教师情感交流。如果咨询网络密度略大于其他两个网络密度，则说明该校教师倾向于经常性的交流和沟通，大家相互支持、相互启发，会经常涌现新观点、新方法，这样的教师所在的学校具有较强的活力。如果情感

网络密度大于另外两个网络密度，则需要关注学校的专业建设，将教师的关注度转移到教育教学业务发展上。

以项目组调研的A、B两所学校为例，它们都是以工作交往为主，但是A校教师间咨询关系更为密切，情感关系也好于B校，因此A校更具有活力。B校工作网络密度明显大于情感网络密度和咨询网络密度，说明学校教师在校期间主要就是完成岗位任务，缺乏情感凝聚力及沟通交流。事实上也是如此，A校在办学过程中一直处于积极活跃的状态，各项教育改革工作成果、教师个人成就以及学生表现在区域中都处于第一梯队水平；而B校教师队伍老化，教育教学方式僵化保守，教师是非恩怨较多，各项工作和学生发展水平均处于区域尾部。A、B两所学校三个网络密度比较如表8-1所示。

表8-1　A、B两所学校三个网络密度比较

学校	工作网络	咨询网络	情感网络
A	0.9	0.81	0.497
B	0.86	0.50	0.22

二、领导群体：团结协作并提供支持

首先，需要判断学校领导群体是否与教师保持密切的工作交往关系。如果有与教师是弱交往关系的校级领导存在，一方面说明该领导可能没有充分发挥服务和引领教师的作用，只是在岗位上应付工作；另一方面也可能是因为学校规模较大，该领导充分放权，管理重心降低，需要结合具体情况讨论。但如果有与教师是弱交往关系的中层领导存在，则说明该领导存在不作为行为，需要进行工作整顿或者岗位变动。

其次，需要判断学校领导者之间是否保持着比较密切的合作交流关系，这主要体现在咨询网络方面。有活力的领导群体会经常就学校事务进行交流、研讨、交换意见，进而形成对学校发展推进方案的集体认同与合力行动。当领导群体出现“低交流”情况时，需要改变学校管理工作方式，通过建立学校发展或学术发展集体议事制度、组织中层以上领

导集体研训、设立学校发展重大课题等方式，加强学校领导团队之间的交流，激发管理层活力。

以 A 校为例，学校中层以上领导 14 人，咨询网络中的出度和入度均处于较高水平，互惠性也处于较高水平，说明学校 14 个中层以上领导之间具有很紧密的工作研讨咨询关系，领导群体团结协作。A 校中层以上领导群体咨询网络出入度及互惠性如表 8-2 所示。

表 8-2　A 校中层以上领导群体咨询网络出入度及互惠性

序号	职务	出度	入度	互惠性
1	教研组长	13	11	0.846
2	教研组长	13	12	0.923
3	年级组长	13	13	1.000
4	教研组长	13	12	0.923
5	年级组长	13	12	0.923
6	主任	13	13	1.000
7	教研组长	13	12	0.923
8	校长	13	13	1.000
9	教研组长	13	13	1.000
10	年级组长	13	13	1.000
11	主任	13	12	0.923
12	主任	13	11	0.846
13	教研组长	10	13	0.769
14	主任	7	13	0.538

最后，需要判断领导者对学校教师在工作和情感上的支持情况。在有活力的组织中，领导者一定对教师进行了十分有效的支持行为输出。仍以 A 校为例，将学校成员分为校级领导、中层领导和普通教师三个群体，对其咨询网络和情感网络的出入度分别进行统计，可以看出，校级领导接受业务咨询和情感倾诉最多，中层领导次之，普通教师最少。这

说明学校领导是教师工作上和情感上最为信任的支持者。A 校不同层级领导者情感网络出入度如表 8–3 所示。

表 8–3　A 校不同层级领导者情感网络出入度

职位	咨询网络		情感网络	
	入度	出度	入度	出度
校级领导	42	37	37	2
中层领导	31	31	27	31
普通教师	13	14	11	14

三、教师群体：对专业创新的追求

在分析教师咨询网络时，首先，要看整体上的网络密度，如果密度较大，则说明教师间关于教育教学工作的主动探讨较多，教师处于积极状态。如果密度较小，则需要调动教师研讨积极性，为教师搭建平台、创设机会，促使其开展基于专业行为的交流。如果围绕某一主题密度较小，则说明这方面工作教师投入的积极性有限。

其次，要看咨询内容中“主题教科研”是否处于突出位置，如果一所学校的主题教科研工作参与度很高，则说明教师在对专业提升的思考与探索方面具有较强的活力，教育教学行为能够不断更新优化，在专业发展活动中，鼓励教师以“发展者”身份积极参与，而不是以“被发展者”身份消极应付。提升主题教科研的社交网络密度，即促进教师在主题教科研方面的合作交流是激活教师工作活力的一条重要实践路径。

最后，可以对比不同教师群体基于主题教科研产生互动交往行为的密度，如果哪个群体密度较小，则说明这个群体需要激活；如果哪个群体密度合理但是互惠性不足，则说明这个群体缺少聚焦一个话题的深度互动，需要在研讨方法、交流方式或工具开发上进一步优化。

以 A 校为例，可以看出语文、数学教师在度数中心度方面整体上差异不大，说明两个学科的教师在教科研交流方面积极程度相似，但是细化互惠性指标发现，数学教师的互惠性远高于语文教师，这说明两个数学教师间往往互为提问者和被问者，他们的交流更深入；而语文教师则缺乏这种两人之间的互动，往往是语文教师 a 向 b 提问，b 向 c 提问，因而交流的深入性可能会受影响。A 校语文、数学教师主题教科研咨询情况如表 8–4 所示。

表 8–4　A 校语文、数学教师主题教科研咨询情况

序号	学科	出度	入度	互惠性
1	数学	20	11	0.411
2	语文	27	19	0.095

四、高影响力教师个体：个人价值的深度开发

从社交网络分析的角度，学校普通教师高影响力发挥途径主要分为三个方面。

一是岗位影响，比如，负责全校某项事务的教师（如摄影、宣传），或者岗位跨度较大的教师（如跨年级授课的教师），在工作网络中，他们与其他教师产生着频繁交往，他们的活力状态很容易影响其他教师，因此要注意他们专业态度、情感输出以及创新思维的激发，使其成为正能量的传播者。

二是个人素养影响，有一些教师本身具有其他教师所不具备的某些能力或品质，比如，知识广泛、爱好思考钻研、有某方面业务特长、参与活动积极、情绪价值高等，这些教师受到其他教师的信任和喜爱，他们在工作中发挥着实际的组织和引领作用，或者成为大家都愿意合作的优质伙伴。对于这类教师，学校应采取鼓励、放权、支持的态度，提升他们在学校中的价值感、成就感、使命感，通过任务驱动、成立教师社团、建立主题业务研发小组、推动教师自组织管理等方式，挖掘教师影响潜力。

三是自主发展需求影响，学校中有一些年轻教师有着十分积极的发展意愿和学习热情，虽然他们还没有显示出明显的专业优势，但是他们经常向别人请教，积极参与各项活动，呈现出较高水平的社交网络出度

（即主动向他人寻求交往）。这些教师也是学校宝贵的资源。对于这些教师，学校可以帮其找到一个近期明确的提升点，通过多种指导形式，帮助其获得成就激励、保持发展热情，同时提升其向他人输出有价值信息的能力。

表 8-5 呈现了 A 校不同职位教师在咨询网络中的中介中心度。中介中心度关注的是一个节点在其他节点之间作为桥梁的频率，中心度越高，说明此节点对于信息传播发挥的作用越大。可以看出，几位普通教师在学校社交网络中已经发挥了重要作用，这些教师是学校要格外关注的对象。要具体分析这些教师的个人特征，有针对性地设计个人发展重点目标，充分发挥他们在学校的影响作用。

表 8-5　咨询网络中介中心度

序号	职位	是否是班主任	教龄	中介中心度
1	校长	否	25~29 年（含）	34.189
2	主任	否	25~29 年（含）	32.783
3	年级组长	是	20~24 年（含）	32.444
4	教研组长	否	30 年以上	28.240
5	主任	否	11~15 年（含）	19.826
6	年级组长	是	20~24 年（含）	14.881
7	无	是	4~5 年（含）	14.708
8	教研组长	否	30 年以上	13.924
9	无	是	6~10 年（含）	12.497
10	主任	是	25~29 年（含）	11.623
11	教研组长	否	4~5 年（含）	10.224
12	无	否	1~3 年（含）	9.436
13	教研组长	否	11~15 年（含）	8.994
14	无	是	20~24 年（含）	8.745
15	教研组长	否	30 年以上	8.565

续表

序号	职位	是否是班主任	教龄	中介中心度
16	无	是	4~5年（含）	7.337
……	……	……	……	……
44	无	否	1~3年（含）	0.064

五、边缘性教师个体：找到适切的组织支持

对于处于社交网络边缘、与其他人关系疏离的教师，要从查找原因做起，了解是什么导致了教师的封闭，然后对症下药。如果是动力问题，例如，教师没有追求、缺乏效能感，那么学校要搭建多元化发展平台，制定精细的教师发展目标规划，让每位教师都感受到学校对自己的重视、珍惜和支持。如果是能力问题，学校要加强教师发展精准培训，为教师个性化发展赋能。如果是性格问题，学校要增进与这些教师的情感沟通，提升组织凝聚力和感召力。如果是家庭问题或者其他需要通过减少交流实现自我保护的目的的问题，学校尽量为教师解决后顾之忧，但是也要理解教师处境，不要强人所难。

以A校教师咨询网络为例（如图8–1所示），其中d、e、f三位教师在网络密度、中心度、互惠性等多方面与其他人相比数值都较低。d、f两位是新手期教师，在工作网络和咨询网络中都处于低互动状态，这与缺乏角色适应性、岗位自信心以及个人性格有关，此时需要消除教师的疑虑和不安全感，加快角色转化、增强专业自信、激发工作积极性，助其尽快融入组织。e教师是有20年以上教龄的成熟教师，在工作网络中处于积极状态，说明他和其他教师进行着较多的工作配合，但是在咨询网络中表现出较低的互动性，说明这位教师的工作态度是以完成任务为主，没有进一步讨论交流的热情，这就需要进一步了解教师的个人情况，通过谈心谈话摸清问题，之后有针对性地解决问题。

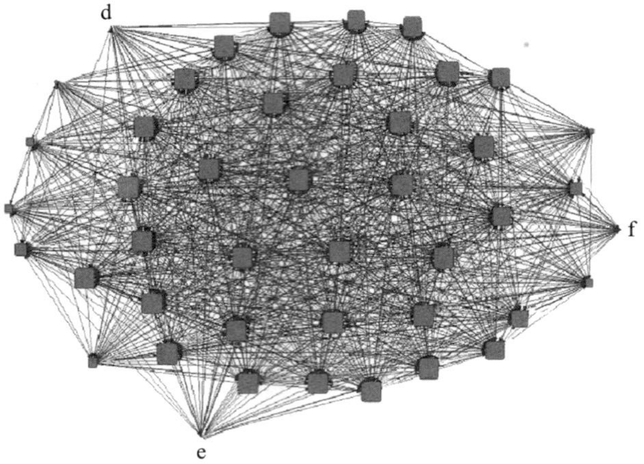

图 8-1 A 校教师咨询网络

对学校教师互动行为进行社交网络分析为判断教师活力现状、识别活力激发对象提供了方法依据，在此基础上能够针对不同对象需求和特征选择更为适切的激活举措，使教师队伍建设从经验化、模糊化逐步走向循证化、精准化，进而激发中小学办学活力、促进基础教育高质量发展。

第九章

校际互动与帮扶：转化办学活力的外部资源

办好每一所学校，实现义务教育优质均衡发展，是2035教育现代化的重要目标，也是教育强国规划纲要的重要内容。为此，《中共中央　国务院关于深化教育教学改革全面提高义务教育质量的意见》指出："发挥优质学校示范辐射作用，完善强校带弱校、城乡对口支援等办学机制，促进新优质学校成长。"① 相应实践也纷纷展开，集团化学校、名校办分校、城乡一体化学校、手拉手学校等办学机制层出不穷。然而，辐射如何实现赋能，带动怎样推动发展，支援何以获得理想的结果……在一系列优化基于优质均衡发展的校际合作政策背后，更应该剖析政策得以见效的机理，理顺外力支持弱势学校发展的内在逻辑，在此基础上精准施策，激活输出和输入双方办学活力，收获理想的实践效果，提升均衡治理效能。

第一节　组织学习视角下校际帮扶的行动机理

校际帮扶的目的在于：通过优质教育资源的引入，带动学校理念、课程、环境、制度、文化等一系列内部变革，用丰富的教育内容与过程满足学生多样的发展需求，为学生全面可持续发展打下良好基础，缩小校际差距，促进基础教育优质均衡发展。可见，校际帮扶就是要激发基础不利学校的办学活力，使其释放出潜在的发展动能。无论是从上海、江苏、北京等地的实践经验来看，还是从中央文件来看，外部优质教育力量的影响和带动对于基础不利学校的快速发展具有十分重要的作用，因为这些学校长期因条件所限处于封闭状态，熵增严重，需要负熵的引

① 中华人民共和国中央人民政府．中共中央　国务院关于深化教育教学改革全面提高义务教育质量的意见［EB/OL］.（2019-06-23）［2025-02-08］. https://www.gov.cn/gongbao/content/2019/content_5411564.htm.

入去寻求非平衡态下的新的有序结构。

“组织学习”是组织为了实现发展目标、提高核心竞争力而围绕信息和知识技能所采取的各种行动；是组织不断努力改变或重新设计自身以适应持续变化的环境的过程。大量学者对组织学习进行了研究，许多有代表性的组织学习模型也被广泛采纳与应用。其中，野中郁次郎的 SECI 知识螺旋模型在吸收借鉴他人理论基础上进行了更有实践指导价值的创新，这表现在：一方面，他强调了知识创造对组织发展的推动作用；另一方面，他通过社会化、外部化、系统化、内隐化四个阶段的螺旋上升解释了隐性知识与显性知识之间的转化过程。① 从组织学习的视角来看，新优质学校建设的过程就是学校获取、传播、创造、运用教育教学隐性知识与显性知识，将外力转化为内力进而实现优质化的过程。

一、组织学习是内外力结合与转化的运行机制

校际帮扶过程具有明显的外力支持特征，而组织学习的四个阶段则是将内外力进行结合，并不断推动外力向内力的转化。外部支持人员进入被支持学校，在进行初步观察、诊断后，一方面与学校领导进行会商，讨论并确定支持需求与方向；另一方面对学校教师进行指导、培训。这一过程通过个体之间以思想、风格、经验、方法为载体的隐性知识传播方式对学校产生影响，是支持人员在被支持校实现社会化的过程。随着支持行为的推进，无论是学校管理、课程开发，还是课堂教学都在外力作用下或多或少地发生着变化。而在变化过程中，学校原有的基础因素也在调节着变化的方式，领导、教师要结合自身理解、认识和实践，通过反思、案例、论文、手册、思维导图、资源库、活动方案、演讲等形式将成果表达出来，形成不仅仅依附于个人的、可更大范围指导与迁移的公共资源，即隐性知识显性化，这是支持内容校本化磨合后的外部化阶段。对各个领域的点滴成果进行积累、扩大，实践成果由一人走向一

① ［日］竹内弘高，野中郁次郎．知识创造的螺旋［M］．李萌，译．北京：知识产权出版社，2006：105–120.

组、走向全校，形成了局部显性知识的联结，学校的教学、课程、管理等内容、标准、要求乃至规划发生变化，完成组织学习的系统化融合。面对新的组织制度与要求，教师们再次全面反思、优化调整自身的行为，推动学校文化与办学品质的升级，这也是组织学习的内化阶段。通过组织学习的四个阶段，支持性外力与学校自身发展力合二为一，每个学习阶段对学校发展都有不可替代的动力作用。

二、组织学习中的知识创造是学校优质化的关键突破

组织学习的各阶段转化完成了支持外力与学校发展内力的整合，而其中对于学校发展成果最具显性意义的部分是该过程中的知识创造水平。简单的、模仿性的、弥补性的组织学习固然也能够实现办学质量的提升，但这是一种旨在维持和追随的目标取向，在各个学校办学质量都在不断提升的情况下，这类学校依然会处于比较劣势。只有在外力的帮助下，学校组织的知识创造才能体现出丰富性、系统性、适切性、创新性的特征，并且这些知识的指向是“关注如何让教育过程更丰富、师生关系更和谐、多样化学习需求更充分满足”[①]，学校才能够向优质化迈进。如果说一般的课堂教学改进和管理制度优化是普通学校提升的必要基础，那么基于学校深度诊断和理论引导下的专题学习、研发与文化升级则是组织学习螺旋上升的方向。在这一过程中，将怎样的隐性知识投入社会化过程以及如何将最有价值的隐性知识有效外化是极为重要的两个环节，它们直接关系着知识创造的水平。

三、知识创造能力是学校实现优质发展的持续动力

一所学校的资产除固定资产以外，主要是人力资本和品牌效应，而学校的人力资本和品牌效应主要凝聚在该学校保存的信息、知识和经验上。人力可能流失，品牌可能褪色，但是如果学校具有丰富的共同

① 尹后庆．每一所学校都要走向新优质［J］．上海教育科研，2015（3）：1.

知识和组织记忆，那么就可以超越具体的时代和个人而存在。[①] 目前来看，基础不利学校的建设离不开有力的外部智力支持，但从长远来看，一所学校的持续发展必然要靠学校自己的内生力量，而这种内生力量是什么？就是根据外部条件和内部特征的变化不断进行组织学习，不断创造顺应时代背景、符合学校实际、关注学生内心的教育教学校本化知识的能力。这样的学校发展不是依赖某位专家，也不是依赖某些名师，而是依赖丰富的校本知识库，并且能够源源不断地加深认识、更新观念、改进行动以维持校本知识库的有效性和先进性。在校际帮扶建设中，学校不仅要关注教育教学成果的取得，更要培养开展研究并产出成果的能力。

第二节　校际帮扶中组织学习进阶模型

校际帮扶是一个组织学习的过程，学什么、怎么学决定了学校是否能够达到发展的优质性。外部优质资源支持基础不利学校向优质学校迈进，必须通过组织学习促进外力向内力的转化，实现直接经验输入向自身成果产出的螺旋上升。

模仿性学习是基础，重点任务是通过模仿与借鉴快速弥补原有不足，提升底线，为形成本校的核心领军力量做好准备。进而进入支持下的创造性学习层面，与支持方一起仔细分析学校特点，在支持方的启发与建议下与其共同开展更加适合本校的专题性探究活动，这一层面决定着支持转化的针对性与长效性。在此基础上，学校进入自主创造性学习层面，逐渐形成检视现状、发现问题、尝试改进、互动研讨、科学论证、规范表达的习惯与机制，使更多的自主研究得以展开，并将成果聚合在一起推动学校办学品质的整体升级，教师们在更高的教育教学标准下继续调整自身实践，争取获得更好的成就。相应地，新优质校建设过程中的组

① 余凯．学校的组织学习与知识管理循环理论——道克尔《知识管理：理论与实践》读后记［J］．中小学管理，2015（11）：24-27.

织学习可以用三层进阶模型来表达，每一层在社会化、外部化、系统化、内隐化的环节中具有不同的典型学习行为；从低到高的进阶发展中外力参与逐渐减少，本校主体作用逐渐增强，如图 9–1 所示。当然，这三层并不是截然分开的，特别是不同类学习内容同时存在时，可能出现多层并进的状态，但最终的方向一定是向上层流动。

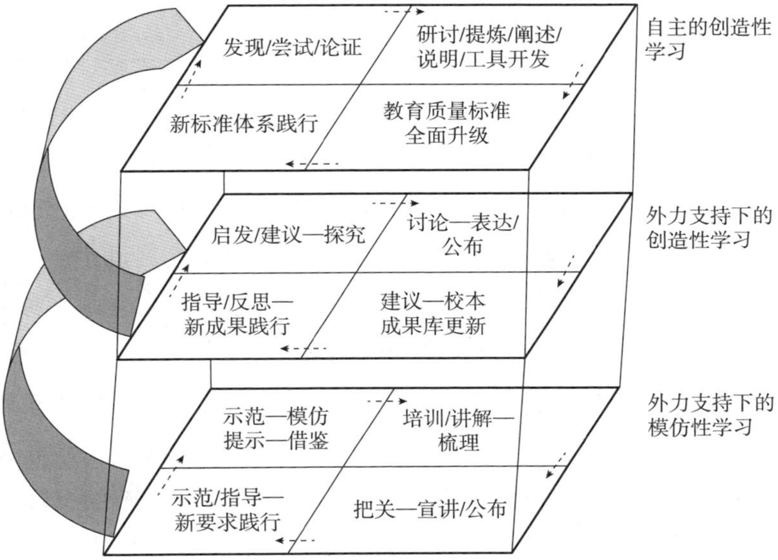

图 9–1　校际帮扶过程中组织学习进阶模型

第三节　校际帮扶过程中组织学习现状

为进一步了解校际帮扶过程现状，笔者选择了 47 所正在通过名校办分校、手拉手学校、城乡学校一体化、集团化办学等方式接受发展支持的学校进行调查。经过分析可以看出现阶段校际帮扶过程中组织学习的基本特点。

一、基于隐性知识传播的社会化学习充分，但知识的固化不足

问卷从社会化、外部化、系统化、内隐化四个环节分别设置相应题

目请被试学校校长进行打分，结果如表 9–1 所示。

表 9–1　新优质学校建设 SECI 得分情况

环节	平均分
社会化（隐性—隐性）	4.0
外部化（隐性—显性）	3.7
系统化（显性—显性）	3.5
内隐化（显性—隐性）	3.8

可以看出：

第一，基于隐性知识传播的社会化环节得分最高，说明在学校建设过程中，领导间交流、教学管理观摩体验、教师实践指导等活动相对比较充分，优质资源力量的先进思想、优秀经验附着在意识与行动中产生了切实的影响。这种影响有两个前提，一是互动活动的存在，二是水平势差的存在。这部分得分较高证明了支持活动的丰富性和支持力量的先进性。

第二，组织学习的外部化环节得分较少，表明相对丰富的支持活动能够帮助学校和教师形成自己的外部化知识，即把理念、经验等表达出来、固化下来，为更大范围的知识迁移做准备，这一环节的支持工作还有欠缺。外部化并非是对知识形式的简单追求，而是迫使学校进一步认清行动改进的本质规律与要素结构模型是对实践的理性加工。无论是学校自主进行知识梳理与表达的自觉性、能力，还是优质资源力量及对于学校知识积累稳定性的重视程度，都有待提升。

第三，组织学习的系统化环节在调查中得分最低，表明学校建设的支持活动目前还处于比较分散的点对点状态，多为面对局部问题、指向局部个体的支持活动，典型表现就是师徒结对和“磨课”，除了教师得到支持、产出共同研磨的课例，未能产生更具有全局性的影响。支持学校从“点”开始做起无可非议，但其最终目标一定是某一领域、某一群体乃至学校整体的提升。目前得分较低，一方面可能因为支持策略偏差，另一方面也可能是这些学校普遍被支持时间较短，整体联结还未能建立，需进一步跟踪调研。

第四，与外部化、系统化环节得分持续下降的趋势相反，内隐化环节得分反而仅次于社会化环节，位列第二。但由于作为内隐化环节前提的系统化环节成果并不理想，所以内隐化环节即使分数较高也作用有限，暂且不作过多讨论。

二、校本知识积累途径中移植性举措较充分而生成性举措不足

对于一个组织来说，学习的关键作用不仅仅是维持现状，更要促进发展，而发展的推动有赖于组织的知识创生，即在吸纳的基础上结合自身特点形成更适合且更新的理念、方法、模式乃至制度或文化，即校本知识。对学校发展支持行动中校本知识的积累途径分析可以看出：

第一，强移植—弱生成途径举措繁多。目前以优质学校为主要输入资源的学校发展支持行动中，更多侧重于经验知识的移植，优质学校成为普通校的样本，通过报告、讲座、示范课、听评课、观摩学习、常规教学指导等方式向普通校进行已有教育教学经验的传递。但这些方式往往是站在输出校的立场上提供力所能及的支持，对于输入校是否有相应的基础、是否是最关键的需求、是否有可能持续深化发展等长效问题考虑不足，造成优质辐射面积、深度、持续度的局限。

第二，中移植—中生成途径有待发展。有些学校间能够以对话为基础，通过调研、研讨、专题培训、校际互动、师徒结对等方式，结合输入校需求进行已有经验和成果的交流，提高了输入校的主体地位，提升了支持的针对性。但总体来看，数量和形式仍有较大的发展空间。

第三，弱移植—强生成举措严重不足。和前两种途径相比，基于输入校本身特点和发展展望实施的专门研究与开发活动内容较少，出现频率低。这反映出输出校不太能够站在输入校的立场上，与其一同面对发展困境、找寻发展突破点、培养其内生动力。

三、对于组织学习能力提升结果的关注有限

对于普通学校发展来说，教育教学实践改进固然重要，但更为关键的是学校在发现知识、获取知识、利用知识、扩散知识、创新知识等一

系列组织学习过程中的能力是否有所提高，“授人以鱼不如授人以渔”的道理同样适用于校际帮扶行动之中。组织学习能力的提高应是外力支持学校发展重要的成果之一。

将被试学校列举的前一阶段的收获进行词频分析可以看出（如图9–2所示）：

第一，学校的组织学习能力得到了一定提升。例如，“激发”表明强化了教师的学习动机，“教研”反映出优化了学习机制、方法和标准，“文化”与学习的导向和氛围相关，“素养”“专业”则体现了教师具备的夯实学习基础的能力，此外还有“思维”“追求”“创新”“开拓”“研讨”“研发”“思考”“自省”“潜能”也能够展示出组织学习能力提升这一成果。

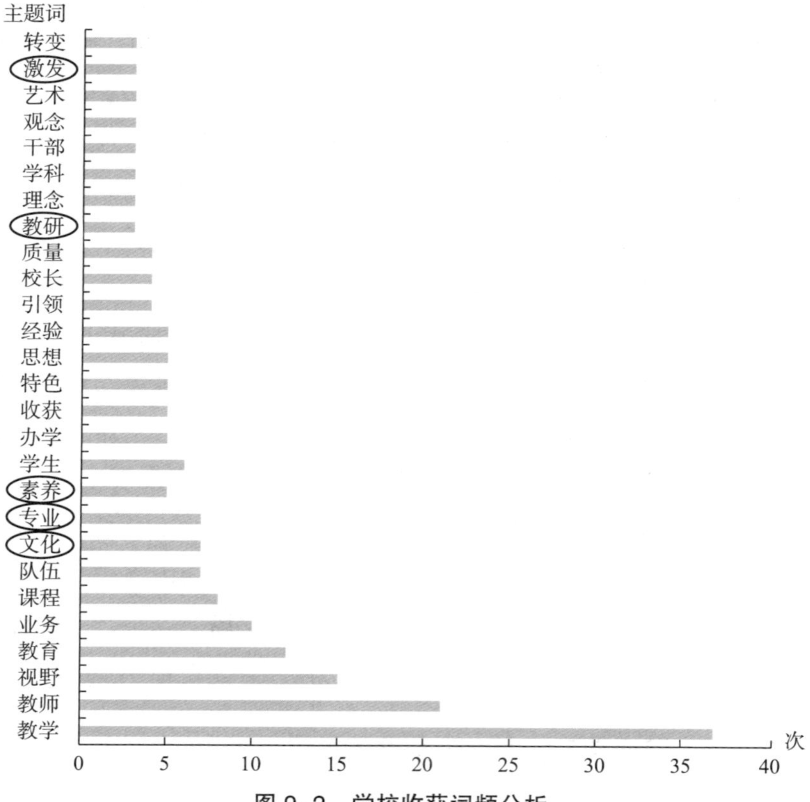

图9–2　学校收获词频分析

第二，对组织学习能力的关注程度有限。虽然在学校收获中有上述列出的与学习力相关的词汇，但这些词汇的比重并不大，在139个抓取词汇中，这14个词仅占10%；同时这些词的热度也不高，除“激发”“教研”“文化”“素养”“专业”词频在3～7次外，其余词汇词频仅为1～2次，均与最高词频37次“教学”相差较多。这一结果的产生，并不代表学校不愿意进行组织学习，而是学校没有把组织学习能力培养作为学校建设的重要因素，没有给予其专门的重视，为长远发展蓄能的自觉不足。

第四节　校际帮扶中组织学习力提升的实践策略

组织学习力即组织学习的能力，它是反映组织学习效率和学习效果的指标，其实质是一个组织通过对信息的及时认知、全面把握、迅速传递，达成共识，并作出正确、快速的调整，以促进组织更好地发展的能力①，是校际帮扶的关键所在。从现有研究来看，提升组织学习力的途径往往集中于组织内部，但是结合政策导向下校际合作支持的现实语境以及调研中发现的实际问题，输入校、输出校以及第三方三个维度协同共进更有助于理想学习效率和效果的实现。

一、输入校：成为基于价值理性的专业共同体

“人不是生活在组织当中，而是组织生活在个体当中并通过个体而存在。”②一个具有工具理性的组织力图解决组织中的人如何为实现组织具体目标作贡献的问题，而一个具有价值理性的组织则致力于共同愿景与使命下个体之间的共同理解与共同成长。学校在由弱转强的过程中，最重要的是改变教师闭塞、等待、自卑、应付的心态，通过创造性学习唤起教师的专业自信心与专业效能感，在相互的促进与影响中共同实现教育理想。为此，建议从以下三方面入手。

① 阮来民．关于大学组织学习力的思考［J］．国家教育行政学院学报，2008（6）：71-73+9.
② 张新平．教育组织范式论［M］．南京：江苏教育出版社，2001：261.

（一）激活思维

思维的开放与活跃是专业发展的基础。要想让学校成员突破固有认知框架，主动接纳多元观点，在动态反思中重构知识体系，从"经验依赖者"蜕变为"终身进化者"，具有持久的专业生命力，就要保证学校成员思维的开放与活跃。

第一，拓宽思维的来源，开辟接收新鲜知识的渠道，提升专业敏感度。一方面提高学校知识选择能力，为教师提供更为多元、更高品质、更多形态的专业知识以及背景知识；另一方面对学校成员主动提出的个性化学习需求给予更大程度的鼓励与支持，引导其拓宽学习视野。

第二，发展审辨式思维的能力，拓展学习深度，促进高阶思维发展。审辨式思维是通过理性分析和论证得到合理结论的过程，对于从输入校或其他渠道获得的新知，学校成员应在理论和实践证据的基础上结合自身实际对其进行重新认识，在分析对比中实现知识内涵的调试，形成最有助于推进自身实践的独立见解。

第三，形成顺畅的互动机制。每个成员都有专门的机会讨论他们自己的新想法、感受和希望，讨论时试图明白每个人的观点，包容不同的观点，必要时根据新的观点重新思考群体决议，也经常在内部分享学习的成功经验和失败教训，进而推动学校能够经常对工作进行总结和反思。

（二）组织授权

共同体不是一个官僚集权的体系，而是强调成员的自治，对于拓展组织学习的深度，每个成员都负有不同的责任，从学校管理角度来讲，要将授权落到实处。

第一，每个人都可以成为专家。让每位教师感到自己在学习和研究中不可替代的价值，没有学习的追随者，每一个人都是学习的主导力量，每一个人都有自己的认知和见解，每一个人都要成为校内某个专题的专家。

第二，每个人都有参与决策的权利与机会。学校通过多种形式的组织方式，给予每位教师参与学校专业决策的权利与机会，每个人的决策意见都能够得到学校的重视，并获得反馈。

第三，对每个成员自由度的赋予。在学习和探索中，可能成功，也可能失败，学校要赋予教师选择新的方法完成工作的自由，也要在建立健全风险控制机制的前提下对失败具有一定的宽容度，对教师工作中的创新及时进行表扬和奖励。

（三）开发工具

学校知识由显性知识和隐性知识组成，隐性知识是学校知识的主要形态，但隐性知识的可传递性要低于显性知识，为了更好地实现知识的传播与分享，有必要借助工具对知识进行加工和保存。

第一，借助多种可视化工具外化隐性知识。将经验、诀窍、技能、策略等隐性知识进行提炼，通过思维图、对照表、指南手册、要点框架、流程图、模型图、笔记、论文、案例分析、教育叙事等形式进行外化表达，在这一过程中，对隐性知识的本质进行发掘和提炼。

第二，借助信息技术对学校已有知识进行储存和检索。建立校本知识库，将学校所有有价值的知识进行分类、标记，按照一定逻辑组成体系，并设置检索引擎，实现网络共享。

第三，借助学习研讨工具促进知识的加工与优化。在学校具有多种学习交流组织形式的前提下，开发设计学习讨论的引导性工具，如讲座学习单、案例研讨模板、听评课反思表等，引导教师的学习行为从表面走向深入。

二、输出校：优化教育实践知识的提炼、传播与转化过程

基础教育阶段学校之间的过度竞争客观上造成了校际差距的扩大和教育发展不均衡问题的突出，而学校之间的合作有利于缩小校际差距和促进基础教育均衡发展。[①]因此，建立学校间伙伴关系成为近年来促进新优质学校发展实现教育均衡的重要举措。优化伙伴合作中输出校对教育实践知识的提炼、传播与转化过程，不仅是输出校社会责任的要求，更

① 薛海平，孟繁华．中小学校际合作伙伴关系模式研究［J］．教育研究，2011（6）：36–41.

是其对专业知识高水平理性把控的体现，是输出校自身专业品质的又一次精进。

（一）超越经验

输入校具有教育教学和管理的丰富经验，这也是宝贵的优质教育智力资源。但是经验往往具有隐性知识的特征，在跨组织的传递中容易造成信息的不完整或不充分；并且受到适用条件的影响，同样经验对不同校情、学情的问题解决效力也有所不同。因此，输出校应做到以下两个方面。

第一，在帮扶过程中应在原有经验基础上进行提炼升华，用更为准确、概括的语言、文字、模型对经验进行显性化处理，保证其本质与要素进行有效传递，在此基础上再辅以实践示例以深化认知。

第二，要在自身经验基础上，结合对方学校的具体特点，与教师一起进行知识创生，设计出更适合该校的本土化实践知识。

（二）对话互动

“对话”为各主体间提供了平等、真诚的平台，双方都希望通过这种方式实现共享、融合并且达成共识来指导共同的交往活动。[①]对学校的帮扶不是单向的灌输，而是基于对话的共同建构。

第一，诊断性对话。通过座谈、调查、观察讨论等方式与输入校进行对话，充分了解合作基础与需求，共同确定进一步推进工作的内容、方式与目标。

第二，行动性对话。通过与输入校教师乃至学生基于帮扶业务内容的充分对话，阐述理论与经验的本质内容与实践策略，同时也深入了解教师在学习中的心得、困惑、发现、创新，共同探寻更适合该校的教育教学及管理方式。

第三，反思性对话。通过对帮扶效果的客观审视以及对相关影响因

① 丁红．基于“对话”视角的培训过程管理机制探索——以国家中等职业学校专业骨干教师培训项目为例［J］．中国职业技术教育，2016（28）：70–72+80.

素的进一步挖掘，判断帮扶目标、内容、过程的得失，进而调整和改进帮扶方案，提升自身引领能力。

（三）能力导向

从社会意义的角度来说，建立帮扶关系、开展帮扶行动只具有理念层面的价值，只有通过帮扶提升了输入校的专业能力、促进了学校教育质量的提升，使之具有优质性特征，才可谓获得了实践成效。这决定了帮扶必须以能力导向为准则，输入校“能不能”“会不会”成为评价帮扶结果的最朴素标准。具体来说，对输入校进行帮扶应遵循以下三个原则。

第一，理念的传播必须与实践策略相配套，确保输入校教师的学习内容具有可操作性。

第二，实践策略具有系统性，实践工具具有长效性，例如帮助学校建立行动体系、机制体系、资源体系等。

第三，帮助学校和教师在策略的学习与运用中建构解决问题的基本思路与方法，提高知识创新能力。

三、教育研训与行政部门：加强业务引领和政策保障

教育行政组织、教育研究部门、教育培训部门是教育多元治理体系中的参与主体，都要在促进学校优质均衡发展中发挥积极作用。从现状来看，虽然这些主体都做了大量的相关工作，但在与实践需求对接方面还存在一定的作为空间。

（一）培训交流

在政策倡导下，不少学校都以不同形式投入帮扶的办学实践，但这些学校处于分头探索的状态，既缺乏公共知识的普及，又缺乏交流分享的平台。因此，一方面，教育培训机构应开发相应的课程项目，对于“如何提高组织学习能力，有效实现知识在不同组织之间的传播与生成”等内容进行系统讲授。另一方面，应依托官方教育研训机构或民间教育学会等组织，建立不同类型的学校共同体，将具有类似办学机制的学校组织在一起，定期组织交流研讨学习等活动，共享发展经验、共研发展

难题、共提发展诉求、共创发展新篇，形成发展的合力，在更大范围内实现合作共赢。

（二）研究细化

合作共赢是学校在新时代面临的新要求、新方向、新局面，但在积极的探索实践中缺少理论指引和实践指导，完全依靠高度的责任感和事业心开拓前行。教育研究部门要敏锐地发现学校出现的新需求、新问题，对于促进新优质学校建设的不同合作模式、条件、机制、影响因素、实践策略等进行深入细致的研究，形成具有实践指导意义的成果，搭建将理论构想转化为办学实践的桥梁。

（三）权益保障

在校际帮扶实践中，学校还存在许多现实的权益问题，例如，合作学校的选配方式与比例布局、支援教师的绩效认定、双方教师密切沟通的成本负担、跨区派驻教师的职称待遇等，这些问题会对组织学习的发生和效果产生直接影响，需要教育行政部门加以研究，并通过长效机制予以解决。

第十章

学习方式变革：重塑办学活力的实践载体

育人方式变革作为教育创新的核心抓手，对激发中小学办学活力具有根本性意义。传统教育模式往往以知识灌输和标准化评价为主导，导致学校陷入同质化竞争与形式化管理的窠臼，教师疲于应付指标考核，学生创造力被压制，办学活力逐渐减弱。而育人方式变革通过重构教育目标、优化教学过程、创新评价体系，能够打破这一僵局：一方面，以学生为中心的个性化教学、项目式学习等模式，将课堂从单向传授转变为多元互动，不仅激发学生的自主学习能力和批判性思维，更倒逼教师从“知识传递者”转型为“学习设计者”，推动教师团队主动更新教育理念、探索教学方法，形成教学相长的良性循环；另一方面，跨学科整合、社会实践融合等课程创新，促使学校突破学科壁垒和校园边界，与社区、企业等外部资源联动，构建开放多元的教育生态，为学校注入持续发展的新动能。这种变革本质上重构了学校的价值逻辑——从追求短期显性成果转向关注人的全面发展，从机械执行政策指令转向主动回应社会需求，从而在深层次上释放学校的创新潜能，使办学活力从被动应对转化为主动创造，最终实现教育质量的可持续提升与学校特色的内生性生长。

第一节　项目式学习的价值与挑战

一、项目式学习的理论基础

（一）建构主义理论

建构主义认为学生是知识的建构者。每个学生都有自己的知识结构和认知风格，他们通过自己的经验和思考来建立新的知识结构和形成对事物的理解，而不是被动地接受外界信息。在建构主义的视角下，学习是一种主动的、自我调节的、个性化的过程，学生需要通过参与活动来建构知识和技能。项目式学习的实践过程符合建构主义的基本原则。在项目式学习中，学生通过参与具体的项目活动，探究问题、解决问题和创造新知识，更深入地理解和应用所学知识，从而积极地建构自己的知识体系。

（二）情境学习理论

在项目中构建自己的知识体系，同时在项目学习中实践情境学习理论。情境学习理论认为学习应该紧密联系具体的情境和应用场景。在情境学习理论的视角下，在开展项目式学习过程中，学生在真实的情境中学习，通过参与具体的项目活动，培养实际应用能力。从某种角度来说，项目式学习注重的是实用性主义。

（三）认知心理学理论

项目式学习的背后也包含着认知心理学。认知心理学理论是一门研究人类思维和认知过程的学科，强调人类对信息进行处理、存储和使用的能力。在认知心理学的视角下，学习是一个认知过程，它涉及知识的获取、存储、处理和应用。学生通过与外部世界的交互，不断调整和改进自己的认知结构，从而构建新的知识体系。在项目式学习中，学生不断地反思和总结，以便更好地理解和掌握所学内容。这是一个更新自己认知的过程，也是一个积极的、有意识的和自我调节的过程。

（四）交互性学习理论

学习需要有大量的输入，但这些输入不能全部是被动的“填鸭式”，而是需要学生主动获取。这就是交互性学习理论。交互性学习理论认为学习是一个互动过程，学生通过与环境和他人的互动来获取知识和技能。交互性学习理论强调学生需要通过实践活动和反馈来不断调整和改进自己的学习策略和方法。在项目式学习中，学生通过与项目组成员、教师和外部专家的互动，建立起合作和协作的关系，从而促进自我学习和认知发展。这些都是交互性学习理论的实践方法。

（五）社会认知理论

学习者除了要有个人知识、技能之外，还需要有和群体合作的能力。社会认知理论强调学习是一个社会化过程。学生通过观察、模仿和交互来获取知识和技能。该理论强调学生在学习过程中需要与他人互动，通过合作、交流和反思来促进自我学习和认知发展。在项目式学习中，学生们的协作学习、小组讨论和与教师的对话式教学等是在训练其合作、交流和反思能力。这些能力会促进自我学习和认知发展，实现个性化和全面发展。项目式学习涉及的活动都是在实践社会认知理论。

二、项目式学习的主要特点

项目式学习作为一种新兴的教育模式，其核心在于通过问题驱动来推动学生全面发展。这种教育模式不仅关注学生的知识掌握情况，更重视培养学生的实践能力、创新思维、团队协作以及问题解决能力，具有独特的育人价值。

（一）以学生为中心的教学模式

项目式学习最显著的特点之一是其以学生为中心的教学模式。在这种模式下，学生不再是被动接受知识的容器，而是成为主动探索、发现和构建知识的主体。教师则转变为引导者和支持者，为学生提供必要的资源和指导，帮助他们在学习过程中不断前行。这种教学模式强调学生的自主学习和自主探究，鼓励学生根据自己的兴趣和需求选择学习内容和方式，从而激发他们的学习热情和创造力。

（二）跨学科整合的教学内容

项目式学习通常打破传统学科的界限，将不同学科的知识和技能进行整合，形成跨学科的项目主题，这些项目主题往往来源于现实生活或社会问题。跨学科整合的教学内容不仅有助于学生形成更加完整和系统的知识体系，还能提高学生的综合运用能力、创新能力和综合素养。

（三）实践导向的教学方法

项目式学习强调实践导向的教学方法，即让学生在实践中学习和掌握知识。通过参与项目设计、实施和评估等全过程，学生不仅能够将所学知识应用于实际问题中，还能在实践中不断发现问题、解决问题，从而深化对知识的理解和掌握。这种教学方法有助于培养学生的实践能力和问题解决能力，为他们未来的职业发展打下坚实的基础。

（四）团队协作的学习过程

项目式学习注重团队协作的学习过程。在项目式学习中，学生通常需要组成团队来共同完成任务。这种团队协作不仅有助于学生之间的相互学习和交流，还能培养他们的团队协作精神和沟通能力。通过团队协作，学生可以学会如何与他人合作、如何分工以及如何共同解决问题，这些能力对于他们的未来职业发展至关重要。

（五）注重创新和批判性思维的培养

项目式学习非常注重对创新和批判性思维的培养。在项目式学习中，学生需要不断思考、探索和创新，以找到解决问题的最佳方案。这种过程不仅有助于培养学生的创新思维和创造力，还能提高他们的批判性思维能力，使他们能够更加客观地分析和评价问题，从而作出更加明智的决策。

（六）灵活多样的评价方式

项目式学习采用灵活多样的评价方式，以全面评估学生的学习成果和综合能力。除了传统的考试和测验，项目式学习还注重过程性评价、表现性评价和同伴评价等多种评价方式。这些评价方式不仅有助于更加准确地了解学生的学习情况和能力水平，还能激发他们的学习动力和自信心。

（七）强调文化引领和学习改革

项目式学习还强调文化引领和学习改革的重要性。它们通常致力于营造一种积极向上、开放包容的校园文化氛围，以激发学生的学习热情和创造力。同时，项目式学习还不断探索和尝试新的教学方法和手段，以不断提高教学质量和效果。

项目式学习为学生提供了一个更加开放、多元和富有挑战性的学习环境。在这种环境中，学生不仅能够获得更加全面和深入的知识和技能，还能提升综合素养和创新能力，为未来职业发展打下坚实的基础。

三、项目式学习实施面临的困境与挑战

项目式学习尽管其潜力巨大，教师在实际实施项目式学习的过程中却面临着诸多困境与挑战。

（一）理论与实践的脱节：项目设计能力的挑战

项目式学习的核心在于通过真实或模拟的项目情境，让学生在解决问题的过程中学习新知识，培养学生的批判性思维、创新能力和团队协作能力。这对教师的项目设计能力提出了极高的要求。一方面，他们可能缺乏对项目式学习理念的深入理解，难以将理论知识转化为具体的项目设计；另一方面，即使有了初步的设计思路，也可能因为缺乏实际操作经验，导致项目设计过于理想化，难以在实际教学中有效实施。比如，项目主题选定。如何选择一个既符合课程标准又能激发学生兴趣的项目主题，是教师面临的首要挑战。项目主题的选择需要综合考虑学生的年龄特征、认知水平、兴趣点以及学科知识的融合度，这要求教师具备跨学科的知识结构和敏锐的洞察力。再如，项目目标的设定。清晰、具体、可衡量的项目目标是项目式学习成功的关键。许多教师在设定目标时，往往过于笼统或偏离项目核心，导致学生在项目实施过程中缺乏明确的方向感。又如，项目结构的构建。一个有效的项目应该包含明确的任务分解、时间规划、资源分配等环节。教师在构建项目结构时，需要平衡项目的复杂性与学生的可接受性，确保项目既具有挑战性又不至于让学生感到无所适从。

（二）角色转换的困难：从讲授者到引导者、支持者和评价者的转变

项目式学习要求教师从传统的讲授者转变为学生的引导者、支持者和评价者。这一角色转换不仅意味着教师需要放弃对课堂的绝对控制，还要求教师具备更强的观察、倾听和反馈能力。对于许多习惯于讲授式教学方式的教师而言，这一转变并非易事。在项目式学习中，教师要相信学生有能力自主探索和解决问题，然而，这种信任往往建立在对学生的充分了解和对项目设计的深思熟虑之上，这对于缺乏经验的教师来说是一大挑战。项目式学习的课堂往往充满变数，学生的提问、讨论和合作情况都可能超出教师的预设，教师需要在保持课堂秩序的同时，灵活应对各种突发情况，这对教师的应变能力和课堂管理能力提出了更高要求。在项目式学习中，教师的反馈是学生进步的重要动力，如何提供既具体又富有建设性的反馈，既鼓励学生保持探索精神，又指出他们在项目执行中的不足，是教师需要不断学习和实践的技能。

（三）时间管理与资源调配的压力

项目式学习通常涉及较长的时间周期和复杂的任务安排，这对教师的时间管理和资源调配能力构成了巨大挑战。一方面，教师需要合理规划项目的时间节点，确保学生在有限的时间内完成既定的学习任务。项目式学习的时间规划需要兼顾学生的学习进度和项目的实际进展，避免过度压缩或延长项目周期，这要求教师具备较高的时间管理能力和对项目进度的敏锐感知。另一方面，教师还需要根据项目需求，调配校内外的各种资源，如图书资料、实验设备、网络资源等。由于学校资源的有限性，教师往往需要花费大量时间和精力去寻找和整合外部资源，这对教师的资源调配能力和信息检索能力提出了更高要求。对于大多数教师而言，除教学任务外，还需要承担班级管理、家校沟通、专业发展等多重职责。如何在繁忙的工作中平衡好这些职责，确保项目式学习的顺利实施，是教师面临的又一挑战。

（四）评价体系的重构

项目式学习强调对学生综合能力的培养，这要求评价体系从传统的知识评价向能力评价转变。这一转变并非一蹴而就，而是需要教师在评价理念、评价方法和评价工具上进行全面革新。在评价理念方面，项目式学习强调对学生创新能力、批判性思维、团队协作能力等综合素养的评价，这要求教师摒弃传统的分数至上的评价理念，转而关注学生的全面发展。在评价方法上，传统的纸笔测试已无法全面反映学生的学习成果，教师需要探索多元化的评价方法，如项目展示、同伴评价、自我评价等，以更全面地评价学生的能力和表现。在评价工具的开发上，教师需要开发或选用适合项目式学习的评价工具，如作品集、评价量表、在线评价系统等，然而这些工具的开发和选用需要投入大量的时间和精力，对教师的专业素养和技术能力提出了更高要求。

教师在实施项目式学习的过程中面临着诸多困境与挑战，这些挑战既源于项目式学习本身的复杂性，也源于教育环境的不断变化和教师自身能力的局限性。正是这些挑战促使教师不断反思、学习和成长。通过参加专业培训、加强同行交流、探索适合本校特色的项目式学习模式等方式，教师可以逐步克服这些挑战，推动项目式学习在学校的深入发展，为学生的全面发展和个性成长创造更加广阔的空间和机遇。

第二节　项目式学习的学校整体推进

一、项目式学习“点”“线”“面”的校本化推行

项目式学习给教师带来了极大的挑战，包括观念的转变、知识的储备、项目的设计、技巧的指导、资源的整合、评价方式的调整等。因此学校分三步走，分阶段推进，以主题研究的形式逐步落实项目式学习。

（一）“点”上尝试

以教学干部、骨干教师组成专题教研组为龙头，率先尝试开展项目

式学习。学校（集团）组织“龙头教师”开展文献学习，对项目式学习的内涵、特征、要素、策略等进行系统学习，在此基础上提炼出对实践最有指导价值的内容，形成文献学习成果。学校（集团）为其进行专家资源调配，加大学习培训力度，同时专家对每个教研组进行一对一指导，研磨教学设计，雕琢教学实施，最终形成完整的、体现项目式学习特征的完整教学案例。先行者的成功案例在多个平台展示、交流，提振学校（集团）开展项目式学习的信心。

（二）“线”上推进

学校（集团）每一名干部带领一批骨干教师，推动项目式学习走向深入。学校（集团）组织干部、骨干教师参观学习，感悟课程与学生生活的有机融合，了解如何培养学生发现问题的意识，如何与生活链接解决问题，进行全链条活动设计，以打开教师思路、拓宽教师视野。邀请高校、科研院所、教研机构专家入校，对各组项目式学习设计方案反复研讨论证，推动项目式学习教学研究走向深入。

（三）“面”上铺开

学校（集团）全员全面参与项目式学习研究。教师们共同研讨理论知识，开发实践工具，进行项目式学习方案设计。指导专家全程跟进指导，过程中为教师提供及时的帮助。有关项目式学习的研究全面推进，使教师育人方式变革走向深入。

这样按阶段、分批次、整体性推进，教师在安全感和成就感的双重激励下接受项目式学习理念，并积极开展探究尝试，达到以“学”为中心的教学观念的转变。

二、基于项目式学习的教师深度研修

（一）共建共享项目共同体的研修模式

该模式以教师实际需求为起点，在此基础上形成研修主题，通过线上、线下相结合的方式开展融合共研，形成问题解决方案，这些方案成为学校（集团）开展项目式学习的公共资源。通过共建、共享的良性循环解决了成员学校基础不一、内驱力不足、实施有效性等问题，以明确的路径来指导，以一定的机制来推动，以考评来实现动态管理，最终达成集体研修的目标。共建共享项目共同体研修模式如图 10–1 所示。

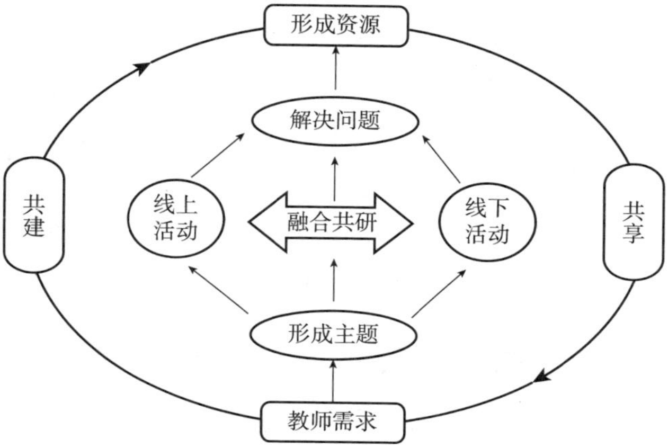

图 10–1　共建共享项目共同体研修模式

（二）以切块拼接法推动学习与实践的深度融合

例如，学校可以把复杂的项目式学习分解成六个专项问题，分别是项目式学习特征、驱动任务设计、学生主体作用发挥、教师作用发挥、项目组织管理、学习展示评价，并以此成立六个大组。每个年级组分别选派教师代表赴六个不同的组中开展项目式学习的专项问题探究，形成专项问题的解决策略。之后，每个组的代表带着解决问题的方法回到原组，将专项问题的解决策略与自己组的项目学习主题拼接起来，形成完整的项目学习方案。每一位教师在切块的过程中对某一个专项问题都有深入的研究，回到组内能最大限度地发挥个人价值，使每个人都是研究某一专项问题的专家，这降低了项目学习研究的难度。拼接在一起的过程是智慧碰撞的过程，是价值实现的过程，也是团队协作解决问题的过程，极大地提高了团队合作的效率。切块拼接法示意图如图 10–2 所示。

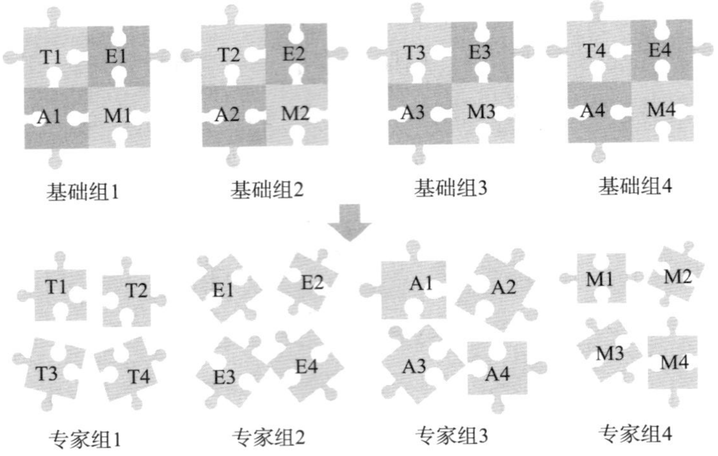

图 10-2 切块拼接法示意图

（三）建立基于 SOLO 分类理论的研讨模型

SOLO（Structure of Observed Learning Outcomes）分类理论将答案分为五个层级：前结构水平——无法理解和处理问题，答案混乱无逻辑；单点结构水平——找到一个与问题相关的点或答案，但缺乏扩展或联系；多点结构水平——找到多个点，但这些点之间缺乏联系或整合；关联结构水平——将多个点联系起来，形成连贯的整体；抽象拓展水平——在关联结构的基础上进行抽象概括，提出新的见解或解决方案，表现出高水平的批判性和创造性思维能力。

根据 SOLO 分类理论，将教师研讨过程分为五个阶段，即问题描述阶段、问题分析阶段、对策探寻阶段、结论提炼阶段、拓展设计阶段。在问题描述阶段，教师了解问题的表现是什么；在问题分析阶段，教师通过头脑风暴了解问题与哪些因素有关；在对策探寻阶段，教师通过文献收集整理信息，了解如何回答问题；在结论提炼阶段，教师通过分析和归纳信息，将不同答案逻辑重组达成讨论共识；在拓展设计阶段，教师通过实践和应用，梳理对问题本质的认识、思路和对策等，并进行举一反三的可迁移性研究，将理论知识转化为实际能力。基于 SOLO 分类理论的深度研讨模型如图 10-3 所示。

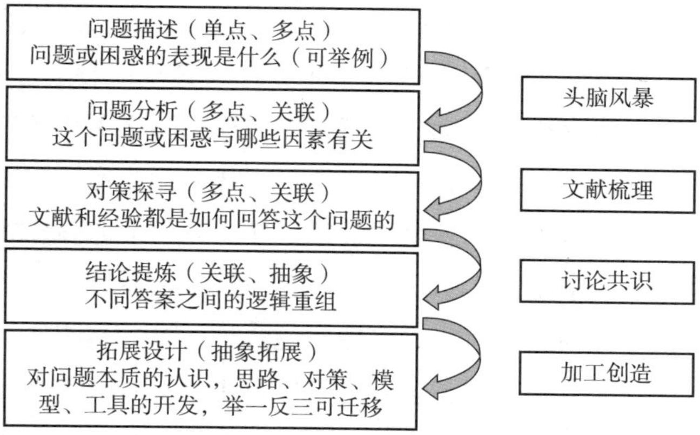

图 10–3　基于 SOLO 分类理论的深度研讨模型

（四）实施思维导图赋能法

在研讨过程中，注重发挥数字工具的赋能价值。每一次教研，都请一名年轻教师以思维导图的方式进行动态记录，将研修共同体研究的内容高度概括成思维导图。一研一图，就教师个体而言，可以提升教师的高阶思维能力，尤其是概括能力。概括能力越强，思维之塔越高。就共同体而言，这样的方式不仅能够将组内教师研讨时的内容思维外显，及时发现信息中的关联并概括提取关键信息，进而聚焦问题并通力解决，培养共同体思维的逻辑性和理据性，初构高阶思维研究的范式，提升思维品质，还能够形成研究成果，与共同体成员共享。

在这一过程中，教师能够对各类现象、事件、问题材料进行总结归纳、高度概括，形成自己独到的观点，使教师具备从特殊到一般、从个性到共性、透过现象看本质的洞察总结能力，促进师生高阶思维的加速发展。

第三节　项目式学习的教学实施策略

一、教师和学生共同确定核心驱动性问题

在教学设计中，往往出现教师精心设计的核心驱动性问题并不能有

效激起学生的探究欲，使问题成为虚设的问题。通过实践发现，在教学设计前可以先基于大的项目背景和学生一起讨论确定核心驱动性问题，这一做法能够激发学生的主动学习意识，使他们对学习内容产生更深的共鸣。为了实现这一目标，教师可以通过引导学生思考、讨论与项目主题相关的问题，逐步聚焦到一个能够激发学生好奇心和探索欲的核心问题上。同时，鼓励学生提出自己的疑问和见解，与教师一同探讨并确定最终的核心驱动性问题。核心驱动性问题是连接真实世界和知识世界的核心问题，尽可能地拉近知识学习与现实世界间的距离，减少学生对知识的疏离感，让学生发现并提出其认可的需要解决的问题，由此激发学生的学习兴趣，以便学生保持对此问题的持续探究意识，提升学生解决问题的持久力。

二、驱动性问题是一个“1+X”的问题链

“1”是核心驱动性问题，“X”是子问题。有了核心驱动性问题，还需按照一定的内在逻辑，有顺序、有层次地设计多个子问题，建构“1+X”驱动性问题链，这几个子问题之间或者是递进关系或者是并列关系。这样不仅有利于学生逐步深入思考，使学生知识结构层层建构，还有利于增强学生思维的一致性和连贯性，并提高学生整合学科知识的能力。

（一）复合型

面对复合型跨学科现实问题，采取学科解耦策略，将复杂问题解构为具有学科独立性的子问题单元。具体而言，此类项目化学习系统由两个具备学科完整性的子项目构成，学习者需要分别在对应学科框架内深化核心概念认知，通过学科本位的探究活动解决特定学科维度的挑战。最终阶段则通过跨学科系统整合技术，将两个学科子项目的阶段性成果进行有机统合，形成具备跨学科解释力的综合性解决方案。此模式强调学科基础能力建构与跨学科整合能力的阶梯式培养。

（二）递进型

在应对跨学科复杂问题时，逻辑递进模式突破传统学科边界划分，转而依据问题解决的内在逻辑实施结构化拆解。每个子问题单元（如子问题 1、子问题 2）的攻关过程中，虽然可能涉及多学科知识的交叉应用，但会明确指定主导性学科作为认知锚点，同步开展该学科核心知识的深度学习，而关联学科则承担辅助支撑功能。例如在解决城市交通优化问题时，子问题 1 可能以数学建模为主导学科进行流量分析，子问题 2 则转向社会学视角研究行为规律。通过这种时序性学科聚焦与知识迁移，最终形成螺旋上升的跨学科成果体系。

（三）冲突型

该模式采取整体性介入路径，拒绝对跨学科问题进行碎片化解构，而是倡导多学科视角的并行探索。不同学科 / 领域专家基于自身认知范式对问题进行整体界定与诊断，形成具有学科特质的问题解决方案。这些方案可能呈现三种关系形态：知识互补型（不同学科结论相互印证）、视角拓展型（学科视角提供新认知维度）和范式冲突型（学科间存在根本性认知矛盾）。实施过程中需建立跨学科辩证对话机制，通过知识图谱比对、认知框架调适等方法，将多学科解决方案进行创造性整合，最终催生超越单一学科认知局限的创新成果。这种模式尤其适用于解决具有高度复杂性与不确定性的“棘手问题”（wicked problems）。

三、项目方案动态调整

在项目式学习的实施过程中，教师需要构建系统的教学框架，同时预留适应动态调整的弹性空间。教师作为学习设计者，会在项目启动阶段明确核心目标、关键任务与评估标准，为学习过程奠定基础架构。然而在实际推进中，随着学生认知的深化与实践的拓展，必然会产生超出预设的新问题。这种生成性特征要求教师建立灵活的调整机制，既鼓励探索创新，又确保学习活动始终服务于核心目标的实现。当学生围绕真实问题开展探究时，认知边界的扩展会不断催生新的问题情境。在应对持续生成的新问题时，要建立明确的目标锚定机制。教师可通过三个维度评估以把准方向：①教育目标维度：新问题是否有助于实现预设的育人目标；②知识建构维度：能否深化对学科大概念的理解；③实践操作维度：是否在现有资源与能力可及范围内。有效的动态调整需要建立双向沟通机制。教师通过阶段性检查点（checkpoint）监控进展：每周使用可视化工具（如项目地图）标记已解决的问题、新增的疑问、偏离的方向。当发现某小组过度深入研究次要问题时，可通过引导性问题（如“这个发现如何帮助我们优化之前的行动方案？”）促使其回归主干。同时保留“创新孵化区”，将暂时搁置的优质问题转化为课后拓展任务或新项目选题。

需注意的是，当学生提出的新问题虽超出原定范围但具有显著教育价值时，可采用目标迭代策略。例如在“本土文化传承”项目中，学生通过访谈发现传统技艺面临失传风险，教师可协同修订项目目标，将技艺数字化保护纳入研究范畴。这种调整需要满足两个条件：新目标与原始方向存在价值关联，且具备可实现的资源保障。

实践表明，成功的项目式学习需要把握“计划性”与“生成性”的动态平衡。教师既要像建筑师般构建稳固的框架，又要如同园丁般培育生长的可能。通过建立科学的评估标准、透明的沟通机制、弹性的调整空间，最终在目标达成与创新探索之间找到最佳平衡点，使学习过程既保持方向明确，又充满发现与创造的活力。

四、项目凸显育人价值导向

项目式学习的本质是育人价值的实践载体，其全过程需渗透“立德树人”的教育理念。教师作为引导者，应着力帮助学生突破个体认知局限，将学习场域从校园场景向更广阔的社会空间延伸，引导学生在社区关怀、地域文化传承、国家发展战略乃至全球议题的维度中认识项目学习的价值。这种场域的延伸不是简单的空间的延伸，而是通过认知层级的跃迁，促进学生关键能力、必备品格与价值观念的整体性发展。

在实施路径上，场域的延伸需要构建三级递进机制：首先激活学生的在地文化感知力，引导他们发现身边事物与生活所在区域（如学校、社区、地区）的内在联结；其次培养社会责任感，将具体问题解决与公共服务意识相结合；最后形成价值判断力，在更宏大的时代命题中定位个人价值。以校园花卉种植项目为例，不能仅停留于技术层面的种植技巧传授，而是要通过文化解码，帮助学生理解植物选择背后的精神象征意义，将美化校园的初级目标升华为文化传承的教育实践。当学生意识到自身行动与区域文化传播、社区福祉提升之间的关联时，问题解决过程自然转化为价值观塑造的生动课堂。

这种场域延伸策略的实施关键在于三个维度的把握：在认知维度建立“微观实践—中观文化—宏观价值”的联结通道，在方法维度构建“具身体验—符号解读—意义生成”的学习链条，在价值维度形成“个人成长—文化传承—社会责任”的共生关系。当学生学会用社区视角分析资源分配、用城市发展思维审视环境规划、用国家战略眼光理解生态保护时，其知识建构便超越了技能习得层面，真正实现了核心素养的立体化培育。这种教育转化过程，正是项目式学习发挥育人功能的深层机制。

五、项目与学生的实际生活紧密融合

学校作为微型社会生态系统，其教育价值不仅在于知识传递，更在于为学生创造预演社会生活的实践场域。项目式学习构建了校园实践与社会运行的有机衔接，使学习过程成为社会生活的预演与重构。这种衔接需要实现双重突破：既要打破校园围墙引入真实社会要素，又要推动学习成果向现实价值转化。

在实施层面，首先，要有真实情境的深度嵌入，将社会机构的运行规则、专业标准引入项目设计。如校园景观规划项目，需对接园林行业的施工规范、成本核算等真实工作流程，而非停留于理想化设计。其次，要有社会资源的双向流动，建立校社协同的育人机制。校外实践导师参与指导，学生则通过项目贡献创新方案。最后，要有实践成果的价值转化，建立学习成果的社会应用机制。当学生的设计方案被采纳并转化为校园实体景观时，学生获得的不仅是专业技能的提升，还是“学习改变现实”认知信念的建立。

实现项目式学习的社会化转型，需要构建“需求对接—过程协同—成果转化”的完整链路。这既要求教师具备跨界资源整合能力，又需要学校建立开放办学的制度保障。当学习活动真正把准社会发展脉搏时，教育便超越了知识传授的单一维度，成为连接现在与未来、个体与社会的价值桥梁。

六、项目高度关注对反思能力的培养

一个人的成长等于“经验＋反思”。提升元认知能力的关键路径就是反思。因此，项目式学习过程中要高度关注反思能力的培养。将项目式学习中的反思分为三个维度：事实反思、差异反思和整合反思。事实反思：你遇到了哪些困难？对你影响深刻的事情是什么？差异反思：活动前后的感受或感想有什么不同？你是怎样完成目标的？整合反思：什么时候可以运用项目式学习中的方法解决类似的问题？项目式学习对将来有哪些帮助？

对活动进行深入的体验与反思，可以将解决问题的能力和积极态度运用于今后的日常生活。经验的产生是连续的，它会影响未来的某一个经验。因此，项目活动设计时，要适时运用反思与分享方式来帮助学生树立个人反思意识。基于学生的成长实际，主要是借助学生的自我评价与反思内省来提升反思能力。借助评价量规来引导学生主动学习，反思调整；设计“反思卡”，将提供的多维度（知识、方法、品格、价值观）的具体内容与表现要点作为反思的工具支架，让学生通过“想一想”“写一写”的方式，明确自己在项目式学习过程中发生的变化，有效引导和帮助学生将反思内化。

七、项目式学习成果形态呈丰富性

项目式学习成果是学生围绕核心问题展开探究过程的显性化载体，其形态需同时具备开放性特征与目标导向性。从成果形式上可分为产品类与展示类两大维度：前者强调物化产出的实践转化，如思维导图、研究报告、创意模型等，需通过具象符号系统呈现思维轨迹与解决方案；后者侧重过程经验的公共表达，如主题演讲、情境表演、互动展览等，重在构建知识共享的对话场域。两类成果共同遵循“问题—策略—证据”的逻辑链条，既需体现跨学科知识的整合重构，又要反映思维方法的迭代升级。真正有效的项目成果应具备三重特征：一是多样性中的内在统一，允许个性化解决方案与集体认知图式共存；二是生成性目标校准，使动态调整的阶段性成果始终指向核心素养发展；三是多维评价映射，通过成果可视化呈现认知水平与实践能力的耦合关系。这种虚实相生的成果形态，本质上构成了连接个体经验与社会实践的意义网络。

第十一章

学校治理数字化：打造办学活力的智能引擎

我国“十四五”规划中明确提出了“加快数字化发展，建设数字中国”的新目标，要通过关键数字技术创新、数字化基础设施建设、全民数字素养提升等全方位举措，推动生产方式和治理方式变革。在教育数字化转型过程中，学校治理的数字化是重要创新路径，为激发学校活力、促进学校形成新质生产力及相应生产关系乃至形成新质教育提供技术支撑，数字赋能是现阶段学校发展中重要的减熵过程。

第一节　学校数字化治理时代动因和诉求

一、以教育数字化治理引领推动国家教育数字化战略行动落地

随着国家教育数字化战略行动的进一步推进，客观上需要加强教育的数字化治理。随着人工智能（Artificial Intelligence，AI）、大数据等技术的飞速进步，教育数字化转型带来的新风险可能已经超越了传统的教育治理范畴。在这个数字化转型的时代，教育治理面临着前所未有的挑战，不仅需要利用新的数字化工具来更有效地应对这些“旧问题”，还需要推进教育治理体系的改革和创新。在数字化转型引发一系列新挑战的背景下，教育治理体系的改革被视为教育数字化转型的核心任务，在这一转型过程中，应当借助互联网的思维模式和先进技术加速教育治理体系的重构。为了实现教育的数字化转型，需要加强数据驱动并全方位地推动教育的数字化治理。教育部在其 2022 年工作要点中明确指出了要推进教育的数字化策略，强化数据的挖掘与分析能力，打造一个基于数据的新型教育治理模式。在 2023 年的世界数字教育大会上，《中国智慧教育蓝皮书（2022）》明确指出，智慧教育代表了数字时代教育的新方向、新趋势，并被视为教育数字化转型的核心目标。智慧教育的新模式在五

个方面都有所体现，教育治理是其中的一个关键方面。在2024年的全国教育工作会议上，进一步强调了不仅要持续探索教育数字化的新途径，还要坚守以实际应用为核心的教育治理新策略。坚持应用为王，走融合之路，以智慧赋能教育治理。[①]

二、以教育数字化治理提升新时代教育治理服务效能和水平

在当前数字化快速发展的阶段，教育领域需要积极利用智能技术和数字工具，提升管理效率与决策水平，推动治理模式的创新突破。国家政策多次强调，要通过人工智能、大数据等技术手段加强教育治理的数字化能力。数据中国教育学会发布的数据显示，2022年我国教育治理数字化水平指数已达到0.84[②]，说明基础建设已取得明显进展，但实践中仍存在明显短板。比如，不同部门间的数据共享不畅，大量信息仍处于割裂状态，导致数据资源的价值未能充分挖掘，这些问题的存在影响了教育数字化治理的整体效果。为了推动教育的数字化治理，需要创新教育治理的观念和手段，这将为教育决策的科学性、治理的精确性和服务的便捷性提供支持，从而全方位地提高教育治理的服务质量和水平。

三、以教育数字化治理构筑共建共治共享教育治理新格局

要在教育领域创新推动多方共建、协同共治、成果共享的治理模式，必须充分发挥教育数字化治理的驱动作用。党的十九大报告明确要求“打造共建共治共享的社会治理格局”，党的二十大报告进一步强调要“健全共建共治共享的社会治理制度，提升社会治理效能”并“推进教育数字化”。《中国教育现代化2035》同样提出，到2035年需形成全社会共同参与的教育治理新格局。当前我国基础教育公共服务仍存在明显短板：支撑平台建设尚未完善，各类数据资源整合不足，基于数据的全流程管理、跨部门协同以及个性化服务供给等环节仍有待加强。为此，

---

① 李汉卿．协同治理理论探析［J］．理论月刊，2014（1）：138-142.

② 张勇，陈恩伦，刘佳．学校教育生态的技术治理审思［J］．中国教育学刊，2021（4）：17-21.

需要以智能技术为依托，以数据要素为纽带，联动学校、家庭、社会等多方力量参与治理过程，真正构建起全民参与、协同推进的教育治理体系。

第二节 学校数字化治理的内涵与特征

中国的教育系统正在进入数字化转型时期，《关于推进教育新型基础设施建设构建高质量教育支撑体系的指导意见》《数字中国建设整体布局规划》等文件提出了我国教育领域已全面迈入数字化转型时代。数字化教育治理是适应教育数字化转型而进行的治理方式变革，本质上是新质生产力下新质生产关系的建立。运用数字化技术，全面地革新和改变学校治理服务过程、决策机制、多元主体协作方式、监督评价机制，构建新型的学校治理模式，是推动教育数字化转型的重要途径。①

一、学校数字化治理内涵

关于学校治理的含义，中外学者有两个不同的观点。一种是以整体观为基础，将学校治理看作对学校自主性、治理、评估和问责四个维度的一种战略整体性的规划和设计，例如，经济合作与发展组织（OECD）将学校治理定义为学校的整体性变化，它包含了学校自治、校际竞争、校际治理、校际领导等方面的内容。②维坎德等把学校治理界定为在校际网络关系中，不同行为者通过合作的方式进行合作，从而达到共同的目的。③在国内，学者们更偏向于从过程的角度来解读学校治理的深层含义，他们认为学校治理是一个涉及校内外多个主体，为了实现共同的目

① 顾小清，胡碧皓．教育数字化转型及学校应变［J］．人民教育，2023（2）：47-50.

② OECD. PISA 2012 Results：What Makes Schools Successful? Resources，Policies and Practices［EB/OL］.（2024-05-08）［2025-02-10］. https://www.oecd-ilibrary.org/education/pisa-2012-results-what-makes-a-school successful-volume-iv_9789264201156-en. html.

③ WIKANDER L，GUSTAFSSON G，RIIS U. Enlightenment，creativity and education：Polities，politics，performances［M］. Rotterdam：Sense Publishers，2012：115-116.

标，从下到上和从上到下进行持续互动的过程[①]。综合以上观点，本书认为，学校治理是一个涉及学校内外各治理主体采用参与、协商、谈判和合作等多种手段，以实现公共利益最大化为宗旨，围绕目标、主体、内容与方法四大核心维度，通过统筹学生事务治理及规划学校发展等形成系统化解决方案的动态过程。该治理体系由四个核心要素构成：目标、主体、内容与方法，这些要素相互关联形成完整的治理框架结构。

人工智能、大数据等智能技术凭借其智能感知、数据分析与流程自动化特性，能够对治理目标、主体、内容与方法进行系统性赋能。在治理目标设定环节，基于机器学习算法与教育大数据挖掘技术，可精准识别海量教育数据中的潜在规律，有效定位治理痛点，为构建可量化、可操作的治理目标体系提供技术支撑。就治理主体而言，依托数字技术构建的智能协作平台，能强化多元主体间的信息交互与资源共享机制，显著提升协同治理效能。针对治理内容维度，智能技术的应用可深度拓展至教学服务优化、课程治理创新、师生发展评估等多元化场域。在治理方法层面，数据智能技术通过为决策制定、过程监控、效果评估等治理环节提供全流程支持，推动形成数据驱动的闭环治理模式，从而实现治理过程的精准化与决策的科学化升级。

尽管目前关于学校数字化治理的内涵研究相对较少，但这已经引起了学术界的广泛关注。有研究指出，学校的数字化治理是在法律的支持下，在政府的引导之下，依靠学校的独立性、多方参与和数字技术的应用，通过收集、处理和分析治理数据，对课程治理、教学治理、师生治理等相关方面进行精确控制和科学决策的过程，其目的是促进教育的公平性，提升教育的质量。[②]有学者认为，学校的数字化治理，也就是基于数字化理念的学校治理，应遵循教育数字化的原则，运用数字技术创新学校各种事务的治理和运营方式，以实现学校事务的高效治理和治理效

① 曾文婕. 论学校治理价值向度的建构［J］. 教育学报，2018，14（1）：58-64.

② 刘来兵，杨若怡. 基础教育学校数字化治理的涵蕴、表征与路径［J］. 现代教育治理，2024（1）：49-61.

果的提升。[①]学校治理的数字化转型本质上是将智能技术体系深度嵌入治理全流程的结构性变革，其核心路径在于通过技术赋能实现治理要素的系统性优化。具体而言，数字化治理范式通过建构数据贯通、算法驱动、平台支撑的技术生态，着力推进三个维度的转型升级：在数据治理层面，依托区块链与云计算技术搭建教育数据中枢，破除信息孤岛壁垒，形成覆盖教学行为、管理决策、服务供给的全域数据图谱；在流程再造维度，运用物联网感知与 RPA 流程自动化技术重塑治理服务链，使资源配置、事务审批、质量监控等环节形成智能闭环；在决策支持系统方面，通过机器学习模型对多源异构数据进行深度挖掘，构建涵盖风险预警、方案模拟、效能评估的决策辅助矩阵。这种技术融合驱动的治理创新，不仅重构了"主体—对象—环境"的交互关系，更在治理效能层面实现了从经验判断向数据实证、从碎片管理向系统治理、从单向管控向多元共治的范式转换，最终形成具有动态适应性的智慧治理新模态。

二、学校数字化治理的主要特征

学校数字化转型展现出技术要素与治理体系深度融合的系统性特征，同时映射出主体协作网络的重新架构、治理空间的拓展以及决策流程模式的革新等多重维度上的典型表征。

（一）技术应用与治理体系的系统性整合

当前学校数字化治理的核心特征在于技术要素与治理架构的深度耦合。这一过程呈现出双向渗透的整合逻辑：在实践层面，数字技术通过数据采集终端、智能分析平台等基础设施的部署，重构了传统治理的流程框架，使资源调配、质量监控等核心环节实现标准化与自动化；在战略层面，数字化建设被提升至学校发展的顶层设计高度，通过将物联网感知系统、云计算服务模块与组织管理制度进行结构性融合，形成技术驱动、制度保障、文化支撑的复合型治理体系。这种整合不仅改变了管

① 杨征铭. 学校数字治理的困境：表现、溯因与应对［J］. 电化教育研究，2024（3）：32–38.

理要素的交互方式，更推动了治理模式从科层式管控向平台化服务的转型。国际教育治理相关研究指出，此类系统性整合能够有效增强组织应对教育变革的适应性，其关键在于建立技术迭代与制度创新的动态平衡机制。

（二）立体化协同网络的构建机制

数字化治理催生了突破物理边界的多主体协作网络，其运行特征体现为三个层面的结构性变革：在主体关系层面，行政人员、教师群体、学生社群等内部治理单元与家庭组织、社会机构、政府部门等外部主体形成双向赋能的协同网络；在资源流通层面，依托云端数据库与智能交互平台，实现设施共享、数据互通与知识共创的循环机制；在过程控制层面，构建涵盖需求感知、方案设计、执行反馈的全周期治理闭环。典型实践包括跨部门数据中台支撑的决策协调系统、家校社联动的数字议事平台等。此类网络化结构通过数据流的实时交互，不仅显著提升了多方主体的参与效能，更重要的是形成了具有自我优化能力的治理生态系统，其核心价值在于突破传统治理的碎片化困境。

（三）全领域渗透的场景化治理模式

现代学校治理已形成覆盖教育全要素的场景化实施路径，其多维特征具体表现为：在管理服务领域，通过业务流程的数字化建模与参数化配置，实现教学评估、人事考核等场景的精准化操作；在课程建设领域，借助动态资源库与智能开发工具，支持跨学科课程体系的快速迭代与个性化适配；在师生发展领域，基于个体成长数据库构建能力画像系统，为专业发展路径规划提供数据支撑；在协同育人领域，利用虚拟协作空间整合多方诉求，优化教育政策制定与资源配置决策。这种场景化治理模式通过数据中台的互联互通，将原先离散的业务模块转化为有机联动的治理链条，形成从问题识别到效果评估的完整闭环。

（四）数据驱动的智能决策体系

教育治理智能化转型的核心在于决策范式的三重升级：在决策依据

维度，构建融合教学行为数据、环境感知数据与社会舆情数据的多源分析模型，实现从经验主导到数据验证的根本转变；在决策过程维度，形成“数据采集—清洗建模—模拟推演—动态调适”的技术支持链，通过数字孪生技术预判决策风险，借助机器学习算法优化实施方案；在决策监督维度，建立可视化监测看板与智能预警系统，实现执行效果的实时追踪与偏差矫正。此类变革不仅大幅提升了决策的科学性与时效性，更通过数据溯源机制提高了治理透明度。值得注意的是，智能决策体系的应用正在重塑组织文化，推动形成基于数据证据的协商式决策文化，这为教育治理现代化提供了持续的制度创新动力。

第三节　基于数字化的中小学学校治理实践与典型案例

一、智能升级学校治理信息化

学校治理的信息化进程被视为推动数字化学校治理的核心要素和前提条件。当前学校管理业务主要依据行政部门架构进行划分，这种管理模式容易引发工作环节衔接不畅、事务处理效率偏低以及技术应用智能化程度不高等问题。因此亟须通过流程再造提升服务响应速度，从而有效增强管理效能。借助智能技术集成应用，可构建统一身份认证的智慧校园平台，实现师生事务线上全流程办理、移动化便捷办公、教学行为智能监测以及 7×24 小时智能应答等功能。这种数字化转型不仅重构了管理服务的实施路径与技术载体，更推动了跨部门业务平台的深度联通与资源共享，为整体管理效能的持续提升奠定基础。在推进教育管理信息化升级的过程中，重点打破部门间的信息孤岛，同步开展教学管理、师生服务及行政办公等核心业务环节的流程优化与模式创新。

北京市十一学校于 2011 年承担国家教育体制改革试点任务，率先实施选课走班教学模式创新，同步推进涵盖教学组织与育人模式的全方位变革。经过持续探索，该校构建起包含基础分层、学科分类、综合实践、特长发展四大维度的课程系统，依托智能化选课系统实现课程定制服务，最终达成“千生千课表”的个性化培养目标——在校5000余名学生均拥有适配自身发展需求的专属学习方案。为精准对接学生差异化发展诉求，学校开发了包括集成智能排课系统、方圆星选课、动态评价追踪、学业诊断分析等模块的智慧教育平台，通过教学数据全流程采集与智能分析，显著提升了学情诊断的精准度、潜能评估的科学性和成长指导的针对性。北京市第二中学经开区学校基于物联网、人工智能、图像AI算法的综合技术应用，建立了包括非法入侵预警系统、防火灾预警报警系统、楼道防踩踏预警系统在内的智慧化校园管理系统，让数字化为教育治理“减负”，通过“AI”赋能，给校园安防增加了一道“数字保护墙”。例如，针对校园楼梯踩踏事故，AI分析即时告警系统高效运作，实时识别楼梯间学生的行为，在充分保护个人隐私的基础上，对楼梯间的公共区域进行实时监测，基于人员行为算法，联动传统摄像机终端，将捕捉的画面通过算法二次处理，对提取到同学们的动态画面进行分析，及时发现不规范行为并进行语音提醒，最大限度避免了校园楼梯踩踏事故发生。该系统可实现人流统计、火灾预警、物品防盗等功能，可配合学校的安防管理、智慧化校园管理建设。

二、多样态数字化课程与学习平台开发

在学校中，课程建设被视为执行教育教学任务的关键途径。当前我国基础教育课程体系由国家标准课程、区域特色课程及校本化课程共同构成三维框架。面对新一轮科技革命与产业变革加速演进的时代背景，社会对复合型人才的知识储备、实践能力与核心素养提出了持续迭代的要求。依托智能教育技术，能够有效汇聚多层级教学资源，开发多元课程形态，建立兼具数字支撑与个性适配的新型课程系统。此举不仅能推动学科间的智能协作与跨领域课程整合，更能引领教学模式向智慧化方向演进。通过建立课程实施质量监测系统，实现教学效果的实时追踪评估、智能分析反馈及发展预警，最终构建起与社会人才需求精准对接的现代化课程生态。

在北京市第二中学经开区学校，基于人工智能技术建设了若干个应用场景和专用教室，如AI教学分析及研究专业教室、沉浸式数字课程体验馆、可以自动评分并提供及时反馈的朗读亭、具有丰富资源的且可以用于教学及考试使用的小课屏；北京亦庄实验小学开发人工智能校本课程；人大附中经开学校提出“1123”电子信息类人工智能课程建设体系。北京市京源学校小学部创建了以学生发展需求为中心的“开放、共享、共生、共创”的智慧校园系统。以科学课为例，学校在教学楼道里不同区域打造了相应的学习微社区，通过场景化的设计，调动学生信息交互应用和知识建构能力。学生线上领取任务、学校提供学习资源、学生上传学习成果并形成主题式学习资源库，实现“人人皆学、处处能学、时时可学”。昌平区城北小学教育集团城南中心小学更关注“课堂数据应用”，通过双师课堂结合多样态智能终端，展现学校数据赋能教学的探索，例如，借助“双师＋互动反馈器”可以实时掌握学情，了解学生的困惑点，动态调整教学进度；“双师＋智笔”的语文课堂则通过智笔回溯学生书写过程，了解学生在文字书写方面存在的问题，开展针对性指导。史家教育集团设计开发了“博悟研学数字课程”，师生可以借助校园智能交互屏幕，实现“云游”博物馆，近距离欣赏数字文物。北京市第二中学将人工智能技术融入课程体系，例如，语文课上，学生输入几个关键词，就能让机器生成不同风格的古诗文，进而将其与学生创作的诗文做比较；在物理课上，学生利用智能互动屏幕，模拟没有任何阻力下的自由落体运动，实现了在实践中学习。

三、人工智能助力教师专业发展

在教育领域经历的这场由技术革新引领的变革中，人工智能作为关键驱动力，不仅改变了教学的方式，更在深层次上重塑了教师的专业发展路径。通过提供个性化的学习体验，帮助教师更精准地识别和满足学生的个别需求，从而提升教学效果。人工智能的数据分析能力为教师提供了深入理解学生学习过程的工具，使教师能够基于数据作出更加科学的教育决策。人工智能还能辅助教师进行教学资源的整合与创新，使其能够更高效地利用现代技术手段丰富教学内容。同时，人工智能的自动化功能，如作业批改和学生学习进度跟踪，提高了教师的工作效率，使教师能够专注于更深层次的教学设计和专业发展。此外，人工智能作为一个持续学习的伙伴，激励教师不断更新知识，适应教育技术的发展，实现自我提升和终身学习。

东城区建立“一平台四中心”的区域智慧教研共同体平台。利用在线协作工具实时共享资源、讨论问题、提出建议，区校联合共建本地化、适切性数字资源，以及满足共享优质数字课程及资源需求的应用系统，提供数字课例、素养评价模型、教学微课、备授一体化板书、理化仿真实验及测评等适切性、便捷性资源，满足一线教学中不同学科、不同场景、不同用户的资源应用需求。在系统、工具、数据多个层面上形成循证教研体系，研发和实施基于生成式人工智能技术的循证教学新型系统，实现对教师教学行为和学生学习响应行为的过程性记录与自动化分析。建立基于数字空间的智能化教研体系，以开放共享的教研体系，一站式实现教师备课、教学、听评课、科研、培训、评价。通过采集学生作业数据、学校测验数据、区域质量调研、第三方数据等过程性数据，辅助教师精准“备学情”；利用区本及校本资源库、电子化教材、与教材同步的课程资源，辅助教师高效“备资源”；通过“研报告”“研洞察”，为教研员和管理者提供科学化的教研及教学数据分析，辅助教研员等精准“备师情”。

北京市十一学校积极探索大模型在教学和办公方面的应用，成立了“AI 项目组”进行相关研究，积累了大量大模型辅助教学、办公的应用案例。比如，英语学科教师应用大模型，仅用关键词就可以快速生成个性化完形填空，生成单词的例句，让大模型给学生作文提供语法修改建议，提高作文批改速度和教学效率，进行学生个性化学习指导。信息学科教师和语文学科教师合作，进行跨学科课程整合，让学生们利用爬虫技术收集初高中教材中的古诗文，并对其中的颜色、季节等进行主题分析，通过文本挖掘，探索诗词中不知道的秘密。此外，还有“学校吉祥物跳科目三”“用定制款 AI 图片签名表彰获奖老师”“利用 AI 写作工具快速生成文章、报告和项目式学习学案与量规”等。

四、人工智能优化学校育人工作

学校教育作为落实立德树人的核心载体，已深度融入学生成长全周期及校园管理各环节。面对人工智能技术迭代加速的新形势，教育工作者需系统性研判、把握技术革新趋势，科学分析智能教育带来的范式重构机遇与伦理挑战，这已成为新时代校长、教师等群体的必修课题。依托智能教育平台，可系统整合学生成长轨迹、认知特征、发展规律等关键数据，将宏观育人目标转化为可操作的学段梯度指标、班级执行方案及个体发展图谱，最终实现“一校一策”“一师一方案”“一生一画像”的精准育人模式。多模态数据融合技术突破传统媒介壁垒，支持文本、影像、声频的智能重组与动态生成，使育人资源开发突破时空限制，为优质教育资源普惠共享开辟新路径。借助虚拟现实技术构建沉浸式教学场景，通过多感官交互设计模拟真实情境体验，使价值观培育、传统文化传承等抽象教育内容具象化为可感知的立体化学习场域，显著增强学习者的情感共鸣，提升学习者的认知内化效能。当前德育实践正经历结构性变革：从零散知识点传授转向系统化素养培育，从单向灌输转向情境化体验，从机械记忆考核升级为思辨能力培养，并用智能评估体系替代传统主观评价。这要求全面推进智能技术与德育体系的有机融合：在教育形式上，探索基于混合现实技术的数字德育课程，构建虚实融合的主流价值培育体系；在文化建设上，打造智能化校园文化生态系统；在能力建设方面，教育管理者需提升智能教育领导力，教师群体应掌握数据驱动的精准教学能力，家长群体则需具备数字家校协作素养，由此重构智能时代的全员育人责任体系。北京市朝阳区实验小学在数字化校园系统全面应用的背景下，创新性地设计了包含信息发布、德育评价、班级空间、家校互动四大模块的德育平台，旨在为学生营造健康的网络交流环境，促进对学生良好道德品质的培养。该平台通过“学习资料”栏目发布详尽的活动方案，确保师生明确活动目标与任务；利用“班级新闻”栏目分享活动过程和成果，促进师生间的相互学习与借鉴。学校还设计了“今日我值周”等特色活动，通过角色扮演与情境体验，增强学生的主人翁意识和自我管理能力。在日常表现评价方面，学校利用数字化系统实现了评价的即时性、累积性和反馈性，不仅关注学生课上的发言、倾听、习惯等多维度表现，还关注学生课下的行为，形成了全面的评价体系。每位学生都拥有专属的评价数据库，便于自我反思与家长监督。“班级空间”栏目则成为凝聚集体向心力的重要平台，班主任主导，学生分工明确，班主任与学生共同参与班级文化建设与活动记录，展现了班级的良好风貌与正能量。此外，博客系统作为学生自我表达与反思的载体，通过记录活动体验与感悟，促进了学生自我教育的过程，营造了良好的集体舆论氛围。

第四节 数字化治理激发中小学办学活力

在基础教育数字化转型的宏观背景下，中小学办学活力的激发已超越单纯资源投入或强化管理的传统路径，演变为教育治理体系的结构性变革命题。数字化治理作为破解活力困局的关键杠杆，其价值不仅体现在技术工具对管理效率的提高上，更在于重构教育生态系统的底层逻辑——通过数据要素的流动性打破组织边界，借助智能算法的预见性重塑决策机制，依托数字平台的连通性激活主体动能。这种治理模式的演进正推动中小学从封闭的科层体系转向开放的智慧生态，使办学活力从偶发的个体创新升华为系统的持续涌现。

一、治理理念转型：从“管理控制”到“生态激活”

数字化治理对办学活力的激发始于治理哲学的根本性转变。传统教育治理模式往往受限于工业化时代的思维定式，将学校视为需要严格规范与控制的静态组织，其核心目标在于维持秩序与提高效率。这种“管理控制”导向的治理逻辑虽能确保组织稳定，却在本质上抑制了教育主体创新能力的释放。数字化时代的治理逻辑则呈现出鲜明的生态化特征，其核心在于构建动态演化、开放互联的教育生态系统。这一转型不仅涉及技术工具的迭代升级，更要求对治理价值、主体关系与运行规则进行系统性重构。

在价值维度上，数字化治理推动治理目标从“消除不确定性”转向“培育可能性”。传统治理通过标准化流程降低实践多样性以降低管理风险，而数字化技术支持的弹性规则框架允许在可控范围内进行创新试错。例如，智能合约技术可预设创新实验的边界条件，既避免无序探索带来的系统性风险，又为教学组织形式变革、课程开发模式创新等提供制度性保护。在主体关系层面，数字身份认证与权限共享机制打破了“管理者—被管理者”的二元对立结构，教师、学生乃至家长通过数字平台深度参与治理决策，其角色从被动执行者转化为治理网络的共建节点。这种角色转变并非简单的权力下放，而是通过数据赋能使每个主体都能基于自身教育实践贡献治理智慧。在规则运行层面，算法伦理审查机制的引入确保技术应用始终服务于育人本质。通过建立教育价值导向的算法评估体系，可规避数据偏见、技术异化等风险，使数字化治理成为教育高质量发展的赋能工具而非控制手段。这种理念转型的本质是将学校从机械执行的“制度容器”重塑为有机生长的“创新生态”，为办学活力释放奠定认知基础。

二、主体关系重构：构建“分布式”治理网络

办学活力的涌现依赖于多元主体的创造性互动，而传统科层制治理体系因层级壁垒与信息阻滞难以实现这一目标。数字化治理从三个层面破解这一困境。

在组织架构层面，虚拟治理社群的构建突破了物理边界与职能分割，形成跨部门、跨角色的协同网络。教务管理者与一线教师可通过数字孪生平台实时共享教学数据，后勤部门与学术委员会能基于需求预测模型动态调整资源配置，这种扁平化结构显著提升了决策响应速度与资源适配精度。

在权力配置层面，区块链技术支持的去中心化信任机制重新定义了教育治理的权力图谱。教师的教学设计自主权、学生的课程选择权、家

长的社会监督权通过智能合约获得技术性保障，任何一方都无法擅自修改既定规则，这既维护了治理公平性，又激发了主体参与的积极性。例如，课程方案设置需获得多方数字签名，经教师提案、学生投票、专家评审等方可生效，以确保决策过程兼顾专业性与民主性。

在互动模式层面，基于教育大数据的协商决策平台重构了主体间对话机制。自然语言处理技术可自动聚类分析师生诉求，矛盾调解算法能识别不同利益群体的最大共识区间，可视化推演工具则帮助各方直观了解决策影响。这种技术赋能的协商机制将传统单向度的指令传递转化为多向度的价值共创，使治理本身成为教育共同体构建的重要载体。其更深远的意义在于，数字空间与物理空间的深度融合催生出新型教育生产关系。教师的教学创新可通过数字资产形式跨校流通，学生的学习成果能以数字凭证方式终身追溯，社会力量的教育参与借由虚拟协作平台突破时空限制。这种生产关系变革不仅释放了既有主体的创造潜能，更通过降低参与门槛激活了潜在创新力量，形成持续升级的治理生态。

三、资源流动机制：破解“活力抑制”的结构困境

传统教育治理中的资源错配与流动阻滞构成激发办学活力的主要桎梏。部门割据、人员闲置、知识资源的转化低效等问题，在数字化治理框架下可通过多重机制实现突破。教育资源数字孪生系统的构建将实体校园的设施设备、师资队伍、课程内容等要素转化为可计算、可组合、可溯源的数字资产。教室使用率、设备闲置时长、教师专长匹配度等隐性信息得以显性化呈现，为资源的优化配置提供数据基础。智能匹配引擎通过机器学习分析教学需求与资源特征的动态关系，实现师资配置的精准调度、设施使用的跨域共享、课程开发的供需对接。例如，区域教师发展中心可基于能力数字画像组建跨校教学团队，实训基地能依据使用需求预测模型实施动态开放，这种智能调度显著提升了资源利用效率。

更具革命性的是教育价值流通机制的创新设计。通证化技术将教学

创新成果、教师专业贡献、学生学习成长等抽象价值转化为可量化、可交易、可积累的数字权益。教师将开发的精品课程上传至共享平台后，可根据课程使用情况获得通证奖励，用于兑换科研支持或培训资源；学生参与社会实践或创新项目积累的通证，可转换为选修学分或创业基金。这种价值流通机制打破了传统评价体系的单一维度，使教育创造力的释放获得持续性激励。更重要的是，区块链技术保障了价值流转的透明可信，分布式账本记录每个主体的贡献轨迹，智能合约自动执行激励分配，形成“资源活化—价值创造—活力激发”的增强回路。这种机制创新将静态资源转化为动态生产要素，为办学活力提供不竭动力。

四、制度创新框架：培育“韧性生长”的治理土壤

办学活力的可持续释放需要突破传统制度的路径依赖，数字化治理通过构建“感知—响应—进化”的适应性制度框架，为教育创新提供兼具稳定性与开放性的生长环境。这一框架的构建需从制度生成逻辑、运行机制和迭代模式三个维度展开系统性重构。

在制度生成逻辑层面，政策智能感知系统的设计彻底改变了规则制定的底层逻辑。通过自然语言处理技术持续爬取教学实践中的非结构化数据（如教师教研日志、学生课程反馈、家长建议文本），结合机器学习算法识别基层创新的共性特征与演化趋势，系统能够自动生成制度优化的方向性建议。例如，当分布式治理网络中频繁出现“跨学科协作需求与现行课时制度冲突”的关联性讨论时，系统不仅会预警制度滞后风险，还可通过知识图谱技术追溯历史政策文本，推荐弹性课时管理、项目学分置换等适配性解决方案。这种数据驱动的规则生成机制，使制度供给从被动响应问题转向主动预判需求，形成“实践创新—数据沉淀—规则进化”的良性循环。

在制度运行机制层面，数字制度沙盒的构建为创新实践提供了风险可控的试验环境。其技术实现依赖于虚拟仿真与数字孪生技术的深度融合：首先，建立真实校园的数字化镜像，包含组织结构、资源分布、运行规则等全要素模型；其次，在镜像系统中加载待测试的新制度模块

（如混合式教学管理方案、多元评价指标体系）；最后，通过智能体模拟技术，推演不同群体在制度影响下的行为模式变化。在这一过程中，系统持续监测关键指标（如教师工作负荷波动、学生参与度变化、资源使用效率趋势），并通过强化学习算法优化制度参数。沙盒试验的本质是将制度创新从经验试错升级为科学验证，既避免了现实试错的高昂成本，又通过数据证据增强了改革方案的可行性。

在制度迭代模式层面，动态评估模型的引入重构了制度优化的方法论基础。该模型整合教育生态学与复杂系统理论，构建包含韧性指数（抗风险能力）、活力指数（创新产出密度）、效能指数（目标达成率）的三维评估体系。通过利用接入治理网络的实时数据流，该模型还可以量化分析制度变革对办学活力的影响路径，例如，评估弹性工作制如何通过消除教师职业倦怠间接提升课程创新质量，或分析资源通证化改革怎样通过激活隐性知识流动促进跨校协作。更关键的是，当监测到学生创造力指数连续下降或教师创新行为频率异常波动时，系统自动触发制度回溯分析，精准定位需要调整的规则条款。这种基于证据链的迭代机制，使制度体系从周期性修订升级为持续性进化。

制度创新框架的深层价值在于重构教育组织的适应性能力。传统治理模式下，制度刚性往往导致组织应对环境变化的“能力陷阱”——或是因过度依赖既有规则而错失变革机遇，或是因频繁调整政策而引发运行失序。数字化治理通过“感知—响应—进化”的闭环设计，使制度体系既能保持必要的稳定性以抵御短期扰动，又能通过智能优化机制持续吸收创新养分。这种动态平衡的达成，依赖于教育大数据的全息感知、算法模型的精准推演以及决策主体的协同共治，其本质是构建具有自组织特性的制度生命体。在此框架下，办学活力的激发不再依赖外部政策激励的短期效应，而是通过制度土壤的持续改良，形成教育创新自然涌现的生态系统。

数字化治理对办学活力的激发，本质上是教育组织数字化转型的深层体现。通过治理理念的生态化转型，学校从管控机器转变为创新生态的引领者；通过主体关系的网络化重构，形成多元共治的价值共同体；

通过资源流动的智能化升级，释放教育要素的创造潜能；通过制度框架的适应性创新，构建持续进化的治理生态。这四个维度的协同作用，不仅摆脱了传统治理的刚性约束，更通过技术赋能与制度变革的深度融合，建立起激发办学活力的长效机制。未来研究需进一步关注数字伦理的边界厘定、技术依赖的风险防控以及人文价值的守护传承，在拥抱技术变革的同时坚守教育初心，使数字化治理真正成为教育高质量发展的活力之源。

参考文献

［1］陶西平．启动学校内部活力的理论与实践——北京市学校内部管理体制改革［M］．北京：北京教育出版社，1990.

［2］陆雄文．管理学大辞典［M］．上海：辞书出版社，2013.

［3］朱广忠．论薛定谔负熵概念的内在矛盾［J］．理论探讨，1992（5）：74–78.

［4］VICENZI R，ADKINS G. A tool for assessing organizational vitality in an era of complexity［J］．Technological forecasting and social change，2000，64（1）：101–113.

［5］［美］伦恩伯格，奥恩斯坦．教育管理学：理论与实践［M］．朱志勇，郑磊，译．北京：中国轻工业出版社，2003.

［6］［美］勒温．拓扑心理学原理［M］．高觉敷，译．北京：商务出版社，2003.

［7］［加拿大］迈克尔·富兰．变革的力量——透视教育改革［M］．中央教育科学研究所，加拿大多伦多国际学校，译．北京：教育科学出版社，2004.

［8］魏光兴．企业生命周期理论综述及简评［J］．生产力研究，2005（6）：231–232.

［9］［日］竹内弘高，野中郁次郎．知识创造的螺旋［M］．李萌，译．北京：知识产权出版社，2006.

［10］卢立涛．浅析学校评价理论的发展历程与趋势［J］．教育理论与实践，2007（11）：23–27.

［11］张建，程凤春．名校集团化办学的学校治理：现实样态与实践

理路［J］. 中国教育学刊，2016（8）：16–22.

［12］范国睿. 基于教育管办评分离的中小学依法自主办学的体制机制改革探索［J］. 教育研究，2017，38（4）：27–36.

［13］石中英. 学校活力的内涵和源泉［J］. 河北师范大学学报（教育科学版），2017，19（2）：5–7.

［14］黄晓磊，邓友超. 学校活力评价指标体系构建——基于德尔菲法的调查分析［J］. 教育学报，2017，13（1）：23–31.

［15］方铭琳. 激发中小学办学活力的系统对策研究［J］. 人民教育，2019（12）：13–17.

［16］［美］罗伯特·A. 汉尼曼，马克·里德尔. 社会网络分析方法：UCINET 的应用［M］. 陈世荣，钟栎娜，译. 北京：知识产权出版社，2019.

［17］张赢. 建设性任务冲突对组织活力影响的实证研究［D］. 天津：天津财经大学，2019.

［18］褚宏启. 让每一所学校充满生机与活力［J］. 中小学管理，2020（11）：59–60.

［19］李红恩. 权力、能力、外力——影响中小学办学活力的重要因素探析［J］. 中小学管理，2020（11）：21–23.

［20］杨小微. 从优质到现代化：学校发展的目标与评价［J］. 中国教育学刊，2020（11）：20–25.

［21］王锦. 熵增变熵减：领导者推进组织变革的熵理论视角［J］. 领导科学，2021（6）：63–65.

［22］徐晓婧. 组织惰性视角下组织熵增定律与熵减策略［J］. 领导科学，2022（12）：67–70.

［23］赵新亮，张志勇. 从 11498 份学校“收文”情况探析激发办学活力的外部因素［J］. 中小学管理，2022（5）：41–44.

［24］李红恩. 中小学办学活力不足的原因分析与对策研究［J］. 教育科学研究，2022（2）：40–45.

［25］范国睿. 新时代基础教育治理与学校活力激发［J］. 中国教育

学刊，2023（6）：1.

［26］蒲蕊，高新发．中小学办学自主权：落实现状与政策需求［J］．教育科学研究，2023（2）：33-40.

［27］沈胜林，陈中文．教育高质量发展进程中提升中小学办学活力的思考——基于治理的视角［J］．教育理论与实践，2023，43（29）：18-22.

［28］蒿楠，郭一凡，刘梦影．政策工具视角下我国中小学办学活力政策的演进逻辑研究［J］．教育科学研究，2024（11）：35-42.